O Guia do Toco

Leticia Rio Branco
& Fabi Cimieri

prefácio de
Marcelo Adnet

O Guia do Toco

*Como dar e levar sem perder
o bom humor*

ilustrações
Bruno Drummond

CIP-BRASIL. CATALOGAÇÃO-NA-FONTE
SINDICATO NACIONAL DOS EDITORES DE LIVROS, RJ

R452g   Rio Branco, Leticia
      O guia do toco / Leticia Rio Branco e Fabi Cimieri. – Rio de Janeiro: Best*Seller*, 2010.

ISBN 978-85-7684-492-1

1. Relação homem-mulher. 2. Paquera. 3. Encontro (Costumes sociais). I. Cimieri, Fabi. II. Título.

10-5539   CDD: 306.7
                                                             CDU: 392.4

Texto revisado segundo o novo Acordo Ortográfico
da Língua Portuguesa.

Título original
O GUIA DO TOCO
Copyright © 2010 by Leticia Val de Oliveira Rio Branco
e Fabiana Veiga Cimieri

Projeto gráfico da capa e ilustrações de miolo: Bruno Drummond
Projeto gráfico de miolo e finalização da capa: Mari Taboada
Editoração eletrônica: Abreu's System

Todos os direitos reservados. Proibida a reprodução,
no todo ou em parte, sem autorização prévia por escrito da editora,
sejam quais forem os meios empregados.

Direitos exclusivos de publicação em língua portuguesa para o Brasil
reservados pela
EDITORA BEST SELLER LTDA.
Rua Argentina, 171, parte, São Cristóvão
Rio de Janeiro, RJ – 20921-380

Impresso no Brasil

ISBN 978-85-7684-492-1

Seja um leitor preferencial Record.
Cadastre-se e receba informações sobre nossos lançamentos
e nossas promoções.

Atendimento e venda direta ao leitor:
mdireto@record.com.br ou (21) 2585-2002.

agradecimentos

Agradecemos, principalmente, aos nossos "musos inspiradores", que deram e levaram, claro, muitos dos tocos aqui descritos.

À nossa família, que sempre nos incentivou: Abel Drummond Neto, Atila M. da Veiga, Branca Pernambuco e família, Beatriz Sampaio Val de Oliveira, Betty Rio Branco Soler, Carlos Eduardo Val de Oliveira Drummond, Enéas Franco, Felipe Cimieri (*in memoriam*), Felipe Rio Branco, Fernanda Veiga, Florio Cimieri, Jorge Val de Oliveira (*in memoriam*), José Paulo Rio Branco, Luiz Octávio Val de Oliveira, Maria Luiza Rio Branco Soler, May Veiga e Miguel Rio Branco (*in memoriam*).

Aos amigos, que nunca cobraram pelo aluguel e deram contribuições inestimáveis:

Acyr Méra Jr., Anna Botelho Bastos Carrapito, Adriana Bretas, Alexandre Niemeyer, Aline Soares, Ana Amélia Nogueira Batista, Bárbara Lima, Carlos Monteiro, Carolina Palmer, Clarice Muniz, Clarissa Lima, Clarissa M. da Veiga, Claudio César, Claudio Lyra, Creo Kellab, Cristina Rocha, Cristina Ramos, Camila Pitanga, Coral Lopes Coquelle (*in memoriam*), José D'artagnan Jr., Dani Nabor, Dani Kobert, Daniella Pires, Daniela Abdalla, Deborah Monteiro, da Zimpy, Elaine Silva dos Santos, Erica Scapin, Edu Rodrigues, Fabiana Araujo, Fabio Kotinda, Fernanda Carvalho da Costa, Flavia Mitri, Gabi Chevalier, Glaucia Cupertino, Gisela Boffa, Giselle Frankel, Hettiene Rocha, Isabela Vieira, Jamelão "Thomas" Netto, João Paulo Mallet, Juliana Mariath, Leslie Diniz, LG Tubaldini Jr., Leonardo Bueno, Lola Lustosa, Luisa F. Bogea Netto, Márcia Fichel, Marcio Fujikawa, Mariana Ferreira, Marcella Nóbrega, Maria Carmem Barbosa, Marcos Serra Lima, Mariana Dias, Melissa Cordeiro, Miltão, nosso guru, Mirela Maniacci, Paulo César Ferreira Teixeira, Patrícia Dias, Paulo Serrano, Pedro Dantas, Pedro de Oliveira Jr., Pedro Soares, PH, Rafael Grisolia, Renata Rozemblit, Renata Sardinha, Richardy Boré, Rommel Cardozo, Romy Boing, Shanti Correa, Susi Moreira Nabuco, Tania Otranto, Thaís Salema, Vicente Seda e a todos os milhões de amigos e conhecidos que contribuíram de alguma forma com seus tocos. E que não caberiam nesta página!

À Angie Diniz e Ricardo Miranda Filho, pacientes e compreensivos com o trabalho paralelo. A todos os colegas da FSB e à equipe da Cereja & Conteúdo.

A todo o grupo das "Potelosas" — Ludmila Fidelis, Gabriela Azeredo, Paola Castilho, Cecília Seabra, Taisa Castilho, Cíntia Carnut, Sandra Rother, Isabel Rosalba, Luana Ribeiro e Michelle Lopes — e das "Folhas" — Hilda Badenes, Jamari França, Juliana Braga e Roberta Pirro.

E, finalmente, ao centro espírita umbandista Pai Mujongo da Bahia — e a todos os guias que nos protegem —, à nossa analista Lói Knoedt e à Blyss Yoga, por terem acalmados nossos corações nos momentos mais sinistros.

Sem vocês, este livro não seria possível.

Leticia e Fabi

Para a minha mãe Eliane, que me fez gostar
de escrever tanto quanto de viver, e que me fez acreditar
nos meus sonhos.
Este livro é um deles.
LETICIA

Para a minha princesa Catarina.
Já que não poderei protegê-la dos tocos,
que aprenda a dá-los com bom humor.
FABI

sumário

Prefácio 13
Introdução 16

Tocos clássicos 21

Tocos esfarrapados 71

Tocos sinistros 117

Conclusão 177
As autoras 181

prefácio

Tomar um toco é das coisas mais edificantes do mundo. Diante da derrota, somos obrigados a profissionalizar nossa abordagem. Depois de muitas negativas, vamos aprendendo o que funciona e o que é proibitivo. Mas a glamurização do toco ainda está longe de acontecer.

Ninguém sai por aí se vangloriando de um toco, gritando aos sete ventos seu insucesso. "Pô cara! Você não imagina o toco que eu acabei de tomar." Ou ainda "ontem na balada, tomei quatro tocos, amigo! Quatro! E só de dragão!"

Mas, o que é um "toco"? Mais que um pedaço de madeira cortada, o toco indica um tropeço, uma topada, uma rasteira, que te faz cair e desmonta sua segurança ereta. Fácil construir a imagem de um tombo pós-topada em um toco, não? Por isso, aqueles que não estiverem esperando a queda, vão tomar um tombo mais doloroso, vão sentir mais o peso do toco. Por outro lado, quem está preparado pode até se equilibrar e virar o jogo. Sim! Um toco bem contornado, com calma, humor e naturalidade pode surpreender o agente ativo do toco, que pode se questionar: "Pô, se o cara não se desconcertou com o toco, ele deve ser forte em todos os momentos. Ponto para ele."

Porém, vale ressaltar, não há nada mais vil e baixo do que retrucar um toco. Questionar o próprio tombo é desequilibrar-se. Um toco é algo que se aceita! Nada mais ridículo do que alguém que desaba e finge que não houve nada. Sem essa de desqualificar o toco: "Ah, também nem queria ficar com você, baranga!"

Mas é bom esclarecer que toco é diferente de c* doce. No caso, o sujeito ativo do c* doce está apenas tentando valorizar-se no mercado e não te dispensando. Normalmente, quem tem o orifício doce acaba cedendo aos mais insistentes, minutos depois.

Podemos ir mais longe e perceber que existem várias formas de toco, não só nas boates e casas noturnas, que podem ser consideradas a capital da paquera (para os paulistas, xaveco). "Seu salário não poderá ser aumentado, não adianta insistir!" Toco! "Não, filho! Você não vai sair de casa até acabar todas as lições." Toco! "Seu cartão de crédito está com o limite excedido, senhor..." Tooooco!

As linhas a seguir ajudarão a eternizar o toco. Com a internet e o SMS, perdeu-se o medo de errar na abordagem. Afinal, um toco virtual é fichinha para um toco olho no olho. Então, aos gordinhos e nerds que se soltam em frente aos gadgets e são craques na paquera virtual, desconectem! Esqueçam a banda larga para conseguir uma bunda larga de verdade! Sintam o peso do toco, tomando vários, e aprendam a ser homens de novo.

Ah, meninas: tomar toco dos meninos é normal hoje em dia, pois estamos cada vez mais parecidos. Mas, se o toco doer muito, vocês poderão sempre dizer: "sabia que ele era gay"!

Vamos então conhecer os diferentes tipos de toco e toda a ciência da tocologia.

Bom toco a todos!
Marcelo Adnet

introdução

O *Guia do Toco* é um livro para a mulher moderna, que leva tantos tocos quanto o número de vezes que fala diariamente com sua melhor amiga ao telefone. Falamos isso por experiência própria, pois, em nossas inúmeras conversas, percebemos que nos expomos de forma ridícula ao toco e não sabemos lidar com esse nosso desagradável companheiro de muitas horas.

O que fazer quando aquele cara com quem você está saindo te dá um Toco Mr. M, por exemplo? E por que isso deixa você completamente derrotada? Nessa hora, cadê a mulher forte, independente, e que sabe que esse cara não passa de um "loser"?

Este livro, claro, foi inspirado em nossa conturbada vida amorosa, em que o toco esteve sempre presente, como protagonista ou, nos casos de mais amenos, como reles coadjuvante. É claro que hoje em dia sabemos que podemos evitar muitos tocos desnecessários, e é importante entender o que fizemos de errado para levar tanto na cabeça.

Bom, vamos às estatísticas. Quantas amigas você tem solteiras, bonitas, inteligentes, legais, engraçadas, divertidas, independentes? Umas 15, pelo menos? Então, eis o princípio do toco: ele não escolhe a pessoa de acordo com suas qualidades. É fato: o toco simplesmente acontece para todos. Isso vem de uma herança cultural: fomos criados para dar valor apenas ao que não temos. Então, passa um tempo, vem a vida e tira de você aquilo que você nem reparou que tinha. Em seguida vem a história que toda representante do sexo feminino conhece: ficar maluca, arrancar os cabelos, ligar sem parar até o desgraçado atender (o que nunca acontece) e promover um encontro com as amigas para entender os motivos daquele fora.

Esqueça, o grande lance é aceitar o toco. Respire fundo e deixe que ele te mostre algo que está dentro de você, e que talvez você não queira enxergar. E, quem sabe, assim, com o próximo será muito mais fácil lidar.

A ARTE DO TOCO

Dar toco é uma arte que pode ser aprendida. Afinal, muitas vezes não queremos dispensar a pessoa para sempre, mas apenas naquele momento. Ou queremos dar um fora, mas sem a intenção de magoar.

O que devemos falar? Quanto de nossos verdadeiros motivos devemos revelar? A experiência nos mostra que, na sedução, ser verdadeiro nem sempre é a melhor escolha e que usar chavões aparentemente ridículos, como "o problema sou eu, não tem nada a ver com você" ou "não quero me envolver", realmente funciona.

Nunca diga que você gosta de outro ou que, infelizmente, não ficou tão interessada nele quanto ele em você, ou que o beijo é ruim ou, pior ainda, que o sexo foi péssimo. Afinal, nunca se sabe o dia de amanhã. A fila não anda, gira, e o mais provável é que você reencontre seu pretendente no futuro. E a situação poderá ter se invertido.

Mas quem dera a vida fosse apenas dar tocos. Num dia a gente dá, no outro recebe. E saber receber um toco com elegância, sem descer do salto, é realmente essencial para uma vida afetiva e sexual saudável.

E já que este livro é um guia, esperamos que ele ajude a tornar o toco libertador para cada leitora. Quem sabe, assim, você não encara as coisas de uma forma mais leve? Não é porque aquele cara te deu um Toco Máximo, que isso vai acontecer sempre. Aqui você vai aprender a receber um toco, seja ele de qual tipo for, sem abaixar a cabeça. E como tudo na vida é mesmo baseado na Lei do Retorno, vai aprender a dar também. E muitos! Até que vai chegar a hora de os tocos acabarem. Você vai conhecer um cara incrível, incapaz de dar um Toco Bina. E serão felizes, com alguns tocos clássicos ou esfarrapados embutidos, mas sem algo muito sinistro.

Obs.: Qualquer semelhança com a realidade não é mera coincidência. Os personagens deste livro, que foram detonados ou esculachados por alguma razão, tiveram motivos de sobra para figurarem nestas páginas. E agradecemos a eles por terem nos dados tantos tocos, pois nos forneceram material suficiente para escrever este livro.

tocos clássicos

são aqueles mais usados e que todos conhecem, seja porque já deram, seja porque já levaram. Para se tornar um mestre na arte do toco, é preciso conhecê-los e dominá-los. Apesar de serem clichês, eles realmente funcionam!

Toco Bina

O Bina é o pai dos tocos. Podemos compará-lo ao início dos tempos, quando o Big Bang fez o planeta Terra surgir em meio ao caos. Vamos a um exemplo clássico: você saiu com o cara, gostou do beijo. Saiu de novo, gostou mais ainda. Aí decidiu transar com ele, apesar de suas amigas falarem para esperar um pouco mais.

No dia seguinte a uma noite maravilhosa, com direito a frases apaixonadas e planos de dividir o mesmo teto, você recebe uma mensagem no celular: "Você é demais". "Só isso, depois daquilo tudo? Até uma calcinha fio-dental caríssima, tão incômoda que me deu alergia, fui obrigada a usar", você pensa, ficando com mais raiva ainda do conselho da melhor amiga para investir num sexy modelo string. Depois, pensa que é normal achar no mínimo estranho, pois você recebia esse tipo de mensagem da sua coleguinha na escola.

A sua decisão é ligar de volta e... chama, chama... até cair na caixa postal. Chama e ninguém atende, de novo. Na décima tentativa ele atende, e a ligação cai, misteriosamente. As borboletas no estômago de ontem se transforma em frio na barriga, enjoos, náuseas. Completamente

insana, você passa para o estágio da compulsão e liga para ele pelo menos cinquenta vezes por dia. Obsessiva e determinada, dá uma de Scarlet O'hara e fala, em tom de monólogo carregado de dramaticidade de quem acabou de se formar em artes cênicas: "Ele vai ter que me atender!" E liga mais ainda. A raiva vai aumentando, até quase explodir.

Mas quando aquela sua amiga meio detraquê diz para ficar calma, que pode ter acontecido alguma coisa, você imediatamente passa para um sentimento de compaixão e cogita a possibilidade de ele ter sofrido um acidente de carro. Ou sequestro-relâmpago. Liga para o IML, para a delegacia, e fica horas na linha esperando uma resposta. Mas aí cai a ficha e você se lembra da sua avó falando que notícia ruim corre rápido. Nessa hora bate um certo bomsenso e, cansada de ligar, começa a se sentir a pior mulher do mundo.

Liga para a melhor amiga e manda ela ligar, para ver se o desgraçado atende. O pior acontece: ele está vivo do outro lado da linha. Então, com um pote de sorvete (com gordura hidrogenada, sim!) nos braços, você chora baixinho em casa ao assistir pela décima vez *Marley e eu*. Com o celular ao lado, sem tocar uma única vez com a esperada ligação do bendito, você começa a pensar que a vida não pode ser tão injusta. Mas, a partir daí, a saga do mundo dos tocos começa a surgir. E pode ter certeza de que você vai se vingar e dar tocos. Muitos.

Toco A Gente se Fala; se Cuida

Ser evasivo é a arma mais potente dos homens. Principalmente na hora em que pretendem dar um pé na bunda de alguém. Você está ficando com o cara há cerca de seis meses. Rola sempre aquela dúvida, as amigas perguntam se é namoro ou não. Você acha que está caminhando para isso, mas não tem certeza, porque ele some e reaparece. Entre uma ficada e outra, você diz que o ama e ele responde com um: "Você é muito linda, sabia?" Sem muita paciência, você vai numa cigana que joga um tarô fantástico, segundo sua amiga.

Lá, dona Pranahzara Ametista Lilás Celestial a recebe com um véu azul no rosto, que retira vagarosamente enquanto diz, logo de cara:

— Sinto energias contrastantes na sua vida em geral.

Apesar de não entender muito sobre o assunto, no jogo saem cartas que não parecem muito agradáveis, como A Morte, O Enforcado e O Carro.

Ela diz:

— O período é de mudanças, você precisa entrar na carruagem e tomar as rédeas de sua vida. Você tem alguém?

Assustada, você responde:

— Não sei, essa é a questão. Que atitude eu tomo em relação ao Emílio Luís?

Dona Prana alguma coisa Ametista incorpora uma entidade qualquer e diz, com a voz grossa, que este é o ponto que precisa ser resolvido, e que uma viagem para longe está para acontecer. Ao sair de lá, você pega o celular, liga para ele e diz que precisam conversar. Ele diz:

— Claro, linda, a gente se fala; se cuida.

A semana passa, e nada de conversa. Um mês, e nada. Sempre a mesma história, ele vem com o carinhoso "a gente se fala, se cuida" e nada é resolvido. Até que, numa quarta-feira chuvosa, você decide ligar e acabar com a palhaçada.

Do outro lado da linha, ele fica calmo enquanto você solta os cachorros:

— Olha aqui, meu filho, cansei de você com essa historinha de "a gente se fala; se cuida". Eu sei me cuidar, viu? Muito melhor do que você.

Ele, com a mesma voz pacífica de sempre, responde:

— Linda, você precisa mesmo se cuidar. Tem estado muito nervosa. Eu estou indo para o Tibet meditar por seis meses.

Dona Ametista tinha razão sobre a viagem. Dele.

Dica: Pegue esse enrolão de jeito e mande um folder de uma clínica de estética para homens que recebeu outro dia no centro da cidade. "Fique lindo e se cuide, sempre!"

Toco Premonitório

Você sai com o cara há apenas duas semanas e está no salão se arrumando para ver o bonitinho à noite. Entre uma tirada de cutícula e outra, fala para a sua manicure que acredita ter encontrado o cara certo. Lindo, loiro, olhos azuis, bíceps superdefinidos. Um vulcão na cama. Então, ouve o alerta de mensagem do telefone. Desesperada, tira o pé da bacia correndo para ler o seguinte SMS:

premonitório

"Preciso falar uma coisa superimportante com você mais tarde."

Animada, você pergunta para a manicure se acha que ele a pedirá em namoro. Ela ri e rebate:

— Ih, menina, quando o bofe manda mensagem assim é porque quer terminar. Homem não gosta de falar, muito menos na hora em que poderia estar fazendo coisa muito melhor. — O balde de água fria da manicure serviu para abrir seus olhos.

Do nada, você se torna uma pessoa fria e calculista e, prevendo o Toconfuso, retorna a mensagem: "Também preciso falar com você urgentemente." Maravilhosa, coloca um tubinho preto, batom vermelho e aquele salto agulha que poderia ser uma arma branca. Ao andar para o carro, o panaca nem acredita ao ver uma imagem tão instigante. Frio, ele parece estar em dúvida em relação ao toco, mas você consegue manter a pose.

No restaurante, ele fala:

— Preciso ficar...

Sem nem esperar a frase terminar, você completa:

— Sozinha. Não está dando certo e preciso de um tempo, querido.

Impressionado, ele a observa retocar o batom e diz:

— Nossa, você tirou as palavras da minha boca. — Com um sorriso de canto de boca, levanta logo da mesa e diz que tem um compromisso.

O visual de femme fatale pode se desmontar a qualquer momento e sua maquiagem pode começar a borrar por causa das lágrimas que já começam a querer sair. Orgulhosa de seu golpe de mestre, você sente que tomou a decisão certa e pensa que sua manicure deveria escrever um livro de autoajuda.

Toco Mr. M

Você e suas amigas partem para uma night forte. Com minissaia e blusa decotada, segue o conselho delas e vai tentar arrumar alguém para tapar o buraco deixado por seu ex, que assumiu o amor de infância pela prima. Já na fila de entrada da boate, sente que não devia ter saído de casa. Mas deixa o mau pressentimento de lado e segue em frente para tentar se dar bem.

A concorrência é forte e você sabe que não está mais tão bonita por causa de todo o sofrimento que passou recentemente. Nem o corretivo power esconde suas olheiras

de quati. De repente, um cara lindo aparece a seu lado no bar e se oferece para pagar uma bebida. Você, sem acreditar que um deus grego daqueles escolheu você no meio de tantas mulheres lindas, acaba cedendo aos encantos do rapaz.

"Que boca incrível ele tem", você pensa e, no segundo seguinte, ele tasca um beijo de cinema em você. O clima vai esquentando, você sente que rolou aquela química e agradece a suas amigas por não terem deixado você sozinha em casa em pleno sábado à noite.

De repente, o morenão diz que vai ao banheiro e pede para você ficar no bar, pegando mais uma bebida. O drink chega, mas nada dele. Os minutos vão se passando e você permanece ali, solitária. Sem saber o que fazer, pois suas amigas foram embora, continua ali. E pede mais uma bebida, mais duas... Bêbada, sai para tentar achar seu tesouro.

As pessoas começam a olhar para você com certa pena, mas pode ser paranoia sua. De repente, quando vira o rosto, percebe que o seu peguete está engatado com uma loira ultrasupermega sarada, com uma bunda parecida com um balão de gás. Atônita, você se dá conta de que levou um belo de um Toco Mr. M. O idiota simplesmente sumiu para poder ficar com mais de uma na mesma noite.

Dica: Previna-se e sempre acompanhe o cara com quem está ficando, para ver se ele realmente vai ao banheiro. Caso contrário, você pode acabar o encontrando com uma mulher bem melhor do que você.

Toco A Ex

Todo mundo tem um ex. Ou vários. A verdade é que tem aquele ex que nunca esquece o relacionamento e sempre reaparece quando o objeto do desejo está tentando seguir em frente. O Toco a Ex entra na lista dos clássicos. Sim, porque faz parte do universo dos tocos mais dados, tanto por homens quanto por mulheres. Normalmente, esse toco começa a dar os primeiros sinais de vida quando ele só fala na ex.

Fica contando como era bom o sexo entre eles, que nunca tinha achado uma pessoa tão compatível para um relacionamento. Mas que, finalmente, estava esquecendo a peste para começar uma nova vida com você (até que enfim seu nome foi citado na história).

Depois dessa conversa esclarecedora, a dica é cair para matar. Quando o cara finalmente parece mostrar que a ex começa a ocupar o seu lugar, o de ex, ela reaparece. Manda flores, liga chorando e faz aquela cena. Ele manda primeiro o Toconfuso e depois arremata com o Toco A Ex. Melhor assim, afinal, você não nasceu para ser analista e sabe muito bem que café requentado nunca tem o mesmo gosto.

Toco Apelido

Este é da categoria dos involuntários, daqueles que você recebe sem perceber e depois fica repassando a história toda na cabeça para saber o que fez para acabar com uma relação tão promissora. Todo o casal tem brincadeiras íntimas, mas é bom nunca esquecer que ambos são adultos vivendo um relacionamento amoroso que, para existir, precisa ter atração sexual mútua. Estamos falando do Toco Apelido, que pode entrar na sua vida quando você menos espera. E pode colocar aquela química a perder.

Ricardo conheceu Dani, ficaram algumas vezes e, num sábado de sol, ele resolve chamá-la para ir à praia no ponto que ele frequenta com sua turma de amigos da adolescência. Tudo ia muito bem: carinhos, chamegos e palavras doces de ambas as partes. Ricardo vai dar um mergu-

lho e corre em direção ao mar. Da areia, Dani grita: "Néééém!!! Ô nenenzinho da mamãe, me espera aí." Ricardo, sem reação, se vira e olha para a cara dos amigos. Pelo que parece, eles nem prestaram atenção ao grito e continuam a falar sobre a noitada do dia anterior. Mas, para ele, tudo acabou naquele exato momento. Nunca mais conseguiu sentir a mesma atração que sentia por Dani. A todo momento, quando o telefone tocava e era ela, durante um beijo, na cama, aquele "nééééém" ficava martelando em sua cabeça, como se ecoasse por toda a relação. O jeito foi dar um Toconfuso na tal da Dani para não magoá-la. Pois, mesmo com o seu linguajar breguelê, ela era uma mulher bacana.

No caso do Ricardo, o Toco Apelido foi dado na sua forma mais grave: em público. Mas, mesmo entre quatro paredes, apelidos ridículos ou os chamados fofinhos devem ser abolidos. Ou melhor, não devem ser sequer criados. Vamos combinar: fofo é um adjetivo para ser usado apenas em conversas de mulherzinha. Homem que é homem nunca vai achar fofo ser chamado de fofo, o que dirá receber um apelido dessa categoria. A dica vale ainda mais para o caso de você resolver apelidar o "bilau" dele, o que pode render anos de análise e até mesmo a temida falta de ereção. Imperdoável.

Toco Torcida

Não é só sua mãe que torce por você. Seu peguete também está sempre na torcida. Esse toco é uma variação do Toco Amigo, mas não chega a ser tão direto quanto o primeiro. É natural, quando a pessoa quer curtir a vida — sem você, de preferência —, mandar o Toco Torcida. "Estou torcendo por você, sempre", diz, com aquela cara de filhote de urso-polar bonzinho.

Você até acredita nas primeiras vezes, mas depois começa a achar isso um saco. Ele quer mais é manter você no banco de reservas. Assim, quando a atacante titular se contundir, você imediatamente é convocada para a rápida substituição. Entra em campo meio desgostosa, pois percebe que o mané quer mesmo que você fique para escanteio. E duvidamos de que ele vá realmente torcer por você quando finalmente deixá-lo de lado e partir para bater uma bola com o sósia do Beckham.

Toco Expulsa

Clássico toco de quem comeu e não gostou. Ou de quem está na dúvida se leva embrulho para viagem. É um tipo mais propício para ficadas de uma noite só, sem compromisso. O cara chega em você num casamento, por exemplo, e vocês acabam indo para a casa dele. Lá, rola tudo, e você amanhece feliz, mas sem saber qual será a reação do outro. Acorda naquele ambiente estranho, com dor de cabeça da bebedeira, os olhos pretos de maquiagem borrada. Levanta da cama e... ele não está em casa?!

Na mesinha da sala, se ele for gente boa e bem-sucedido, deixa um qualquer para o táxi, com um bilhete dizendo que teve que sair para uma reunião de trabalho. Se for gente boa e desempregado, vai deixar o mesmo bilhete, mas com a verba para pagar o trem e o ônibus.

Agora, se ele for um cafajeste em último grau, vai te acordar e falar, na cara dura: "Aí, neném, tá na hora de você vazar. Adorei te conhecer, amoreco." O Toco Expulsa mais leve é aquele em que o cara diz que vai te levar para a casa dele, mas no meio do caminho manda um Toco Bula — normalmente uma caganeira por causa do prosecco —, e pede para o táxi levá-la em casa.

Dica: Para não passar por nenhuma das humilhações descritas, nunca saia de casa sem dinheiro e prefira um motel. Desta forma, você não corre o risco de levar um fora de um mané que acabou de conhecer e que não tem a mínima importância em sua vida.

Toco MSN

Sorte de nossas mães e avós que nunca levaram um fora pelo MSN, porque entre homens e mulheres solteiros da nossa geração vai ser difícil encontrar quem nunca tenha sido ignorado — ou, pior ainda, solenemente bloqueado — por um pretendente. Este é um toco que já nasceu como um clássico dessa era tecnológica em que vivemos. Você conhece alguém numa noite e, quase ao mesmo tempo em que trocam telefones, um já adiciona o outro no MSN.

No início, as conversas são meio tímidas, doces e amenas. Depois. podem se transformar em picantes e calientes, ao mesmo tempo em que o relacionamento avança também na vida real. Eis que chega o dia em que você chama e ele não responde, apesar de estar on-line. As desculpas variam, mas não muito: a conexão caiu ou não estava *msn*

na frente do computador — que é a preferida, até porque muitas vezes acontece mesmo. Mas, cá entre nós, se fosse verdade e ele realmente estivesse a fim de você, daria algum sinal de vida quando visse na tela a janelinha com seu nome piscando.

Às vezes acontece de vocês estarem no meio de uma conversa e subitamente seu interlocutor fica off-line. Ou o assunto em discussão estava ficando embaraçoso e comprometedor e ele te bloqueou, ou mudou o status para invisível, ou simplesmente te abandona falando sozinha porque começou um papo mais interessante com outra pessoa.

A extensão desse toco é difícil de ser avaliada sem outros sinais. Pode até ser que o pretendente em questão realmente não estivesse no computador ou que estivesse muito ocupado no trabalho e não pudesse interromper o que estava fazendo. Mas se vier conjugado com o Toco Bina e o Toco Redes Sociais, mostrando que você já tentou falar com o gato por todas as mídias e ele não te respondeu... pode realmente significar um Toco Máximo.

O auge desse tipo de fora é quando você é excluída da lista de amigos dele, significando que nem na geladeira você está mais, ou seja, o cara realmente baniu você da vida dele. Para se certificar de que foi isso que aconteceu ou se o bloqueio é apenas temporário, por charminho, por estar chovendo na horta dele ou porque ele simplesmente não está a fim de responder naquele momento, siga os seguintes passos: logue-se no MSN. Ao abrir a tela com seu nome, foto e listas de contato clique em seu nome. Vá em opções/privacidades e clique em "Exibir", para ver quem adicionou seu nome à lista de contatos.

Se quiser se prevenir contra esse toco digital, ao perceber que é sempre você quem o chama para conversar, que ele demora a responder e quando o faz é monossilábico, tome a dianteira e não demore a agir. Bloqueie-o imediatamente. Assim como na vida, o sumiço digital é uma poderosa arma de conquista. Ele vai ficar curioso e desconfiado, e, se tomar a iniciativa de procurá-la, comemore. Você conseguiu reverter o jogo.

Toco Bula

É quando a desculpa é uma doença: gripe, dor de barriga e virose são as mais comuns. Pode ser usado quando você quer dar um tempo de encontrar a pessoa por alguns dias. Em vez de ficar com raiva, como acontece com outros tipos de toco, como o Bina e o Mr. M, é um fora que deixa a pessoa mais apaixonada, com vontade de te colocar no colo e cuidar de você.

É um toco unissex. Mulheres podem inventar essa desculpa quando quiserem se esquivar de um homem. Ele vai adorar a ideia de que por trás de sua máscara de superpoderosa existe uma menininha frágil. Mas o efeito apaixonante é maior quando quem dá o toco é do sexo masculino. Você ativará o instinto maternal e superprotetor que toda mulher tem, mesmo quando não aparenta.

Mas tome cuidado: o Toco Bula deve vir acompanhado da encenação completa. Pense numa doença que você já tenha tido e conheça os sintomas. Escolha algo contagioso. Assim, a desculpa já está pronta caso ele se prontifique a ir cuidar de você. E não invente de cair na gandaia em lugares onde possa encontrá-lo ou a um dos amigos dele — o que é sempre a mesma coisa. Se isso acontecer, a pena irá se transformar em fúria. E não estranhe se minutos depois de cumprimentá-la com um sorrisinho envergonhado nos lábios ele estiver todo se querendo para uma australiana sarada que acabou de conhecer.

Toco Coração Fechado

Outro clássico unissex. É utilizado por homens e mulheres que sofreram seguidas desilusões amorosas ou que saíram há pouco tempo de um relacionamento emocionalmente desgastante. Suas variantes mais conhecidas são o Toco Planta e o Toco Tribalista.

Por um lado, é uma desculpa compreensível. Em certos (poucos) momentos, estamos com o foco voltado para outra área da vida e não queremos nos envolver. Por outro, é notório que a paixão — ou o amor, para os mais românticos — não é uma escolha lógica. Simplesmente acontece. E, quando vem, faz com que esqueçamos todas as mágoas anteriores, não sendo incompatível com o crescimento na carreira ou qualquer outra desculpa racional.

Na maioria das vezes, esse não é um Toco Máximo ou definitivo. Nas entrelinhas, ele está querendo dizer que deseja o seu corpo, mas não um compromisso. Se quiser, continue na brincadeira e talvez o relacionamento evolua naturalmente. Afinal, se envolver não é uma escolha racional. Muitas vezes quando percebemos, já estamos envolvidos.

Agora, se você já está envolvida e não suportaria levar um Toco Tribalista, seja realista e perceba que o coração dele continuará fechado — para você.

Toco Folia

Esse é um toco previsível e comum entre namorados. A única boa notícia é que dá para perceber quando você vai levá-lo. Os rastros são muitos: logo em janeiro, seu namorado começa a ficar meio inquieto. Os telefonemas são misteriosos. Ele fica distante e já não comparece tanto assim. Quando você pergunta o que os amigos farão no Carnaval, ele desconversa.

Não é incomum que um motivo banal o tire do sério e ele proponha um rompimento. Ou pior ainda, te dê um Toco Temporário. O safado está apenas montando as peças de um quebra-cabeça que vai ser desmontado uma semana antes de as escolas de samba pisarem na Avenida. Ele quer pensar, precisa ficar um pouco sozinho. Onde? Em uma micareta em Salvador ou em um camarote concorridíssimo da Marquês de Sapucaí, de preferência.

Se achar que vale muito à pena, planeje uma viagem romântica e erótica (só o romantismo não vai adiantar nessa hora) e diga logo que já comprou as passagens e reservou o hotel. Se ele não se entusiasmou, saia logo dessa e busque a alma foliã que existe dentro de você. Pegue logo o confete e a serpentina, vista a fantasia de colombina e saia saltitante atrás do primeiro bloco que passar em busca de um pierrot mais companheiro, alto, lindo e, claro, tão bem-dotado que se fosse no mesmo banheiro que seu ex, o coitado morreria de inveja.

Toco Bumerangue

A lei da vida é a Lei do Retorno. Ou seria a Roda da Fortuna, uma das cartas do tarô? Tanto faz. A verdade é que sempre quem dá um toco, leva também. Mas um bem pior. Você levou aquele Toco Folia do seu namorado. Pode esperar que, depois do Carnaval, ele se arrepende (e vamos imaginar que tenha se arrependido de verdade). Magoada, você tasca um Toco Bina nele. Depois, um Toconfuso.

É a velha história de jogar o novelo de linha pro gatinho e ir puxando. Uma hora ele pega e logo perde a graça.

O jogo vira e é a hora de jogar mais uma isca apetitosa. A grama do vizinho é sempre mais verde, não é mesmo? E quando a gente pula o muro e vai até lá, vê que não era bem assim, que sentimos mesmo a falta daquilo que conhecemos e chamamos de nosso.

Mas o tempo passou e aquela pessoa que esteve na nossa mão já não está mais. Já sofreu, se magoou, levou toco a torto e a direito e, sem termos dado outra alternativa, seguiu em frente. Agora é a hora da revanche. E tome Toco Bumerangue.

Toco Loser

Loser é perdedor, em inglês. Existe o Toco Loser legítimo e o simulado. No verdadeiro, o seu pretendente tem baixa autoestima e não se sente confiante para se relacionar com uma mulher linda e bem-sucedida como você. Nesse caso, fuja, a não ser que queira dar uma de psicóloga e ficar o resto de seus dias tendo que suportar lamentações e desconfianças de alguém que certamente terá a pretensão de que você seja menos do que pode vir a ser.

No entanto, pelo menos na metade das vezes, o Toco Loser não é sincero, e sim uma velha desculpa para te dispensar. É a boa tática de inflar seu ego para depois te dar o fora. "Você é linda, inteligente, legal É boa demais para mim."

Dica: Se identificar que é esse o caso, dê o troco na mesma moeda e arrume logo um caminhão com a caçamba grande o suficiente para te levar por aí.

Toco A Outra

É um dado estatístico: mais de dois terços das separações são pedidas pelas mulheres. Mas a verdade é ainda pior. No terço restante, podemos apostar que quase sempre existe outra mulher, que exige a separação para levar adiante o novo romance. Sem A Outra, os homens são quase sempre incapazes de terminar, mesmo os relacionamentos mais falidos.

Eis por que o Toco A Outra é um dos mais comuns: os homens não conseguem falar a verdade. Isso é óbvio. Mais óbvio ainda é quando ele diz que não pode ficar com você porque gosta de outra pessoa. A pergunta é: por que demorou tanto tempo para perceber isso? Porque não percebeu antes de conhecer sua família, falar de filhos e até da viagem que fariam no ano-novo?

Esse é um dos tocos mais enervantes e quase sempre leva ao Toco Máximo, seguido de ódio mortal. Como pode um relacionamento de 15 anos acabar por iniciativa da mulher e poucos meses depois o cara aparecer de casamento marcado com A Outra? Elementar, meu caro, ele já estava com ela antes.

Tem também aqueles namoros que vêm desde a época da faculdade, e nos quais, apesar da pressão da mulher, o cara nunca marcou a data do casamento. Primeiro diz que quer se formar, depois, que precisa juntar dinheiro, aí vem a crise pessoal, o coitadinho manda um Toconfuso, dizendo que está cheio de dúvidas relacionadas à profissão. Não, não tem nada a ver com você, diz ele. Um belo dia você se cansa e coloca um ponto-final na relação. Logo em seguida o gato arruma uma batgirl e vai do namoro ao casamento em poucos meses. Isso quando ele não vem contar na vez em que se encontram, todo feliz, que será papai.

Para reverter, só há uma saída: dê o Toco O Outro você também. Mas tome o cuidado de se certificar que ele está mesmo te traindo. O Toco A(O) Outra(o) não dá muito espaço para arrependimentos e diminui drasticamente a chance de retorno. Por isso não use esse tipo de toco a não ser que tenha a certeza de que o que você quer mesmo é dar o Toco Máximo.

Toco Não Sou Apaixonado

É uma variação do Toco Amigo, e, ao contrário de outros tipos como o Toco A Outra e o Toco Máximo, pode ser revertido com uma boa dose de inteligência e uma estratégia friamente calculada. Ok, sei que é difícil falar de controle quando estamos apaixonados. Mas se você levou esse toco e não quer que ele evolua para um do tipo irreversível é bom respirar fundo... e não ligar.

Vamos então dissecá-lo em suas duas variações:

1) PASSIVA: Um cara que nem sequer pode ser classificado como um alvo em potencial se interessa por você. Faz de tudo para conquistá-la. É gentil, amigo, te chama para sair, conhece seus amigos, enfim, vai conquistando aos poucos. Você se sente desejada, e isso é ótimo. Começa a reparar naquele alguém até então insignificante e a

cogitar a possibilidade de ficar com ele. Rola o primeiro beijo, você fica na dúvida se vai gostar. Gosta. Continuam a sair, acabam transando. Ele liga no dia seguinte, fazem planos de viajar juntos, conhecem as famílias um do outro, falam de casamento, imaginam o nome dos filhos.

Flores, bombons, noites de sexo regadas a muito champanhe e lua cheia. Seus dias ganham um colorido especial, dos seus lábios saem sorrisos incontidos e suspiros depois de falar com ele ou ao lembrar da noite anterior. Pode parar de suspirar. Do nada — sim, porque muitas vezes o toco não se anuncia —, ele, num sábado de manhã na cama, diz que tem uma coisa muito importante para falar.

Você pensa que ele vai fazer uma declaração de amor, e ele, coçando o pescoço (gesto de extrema periculosidade), simplesmente diz que não é apaixonado por você. Descabelada e sem entender, você pergunta: "Como assim?" Sem se abalar, ele pede para você ir embora porque tem um compromisso.

Nessa hora, é importante agasalhar o toco, recebê-lo e aceitá-lo com serenidade. Por mais que a sua vontade seja jogar o porta-retrato com a foto da filha dele contra o espelho de dois metros em que vocês ficavam se vendo enquanto transavam, não faça isso. Respire fundo, saia da casa dele e finja que tudo o que viveram não foi tão importante assim. O toco veio porque ele percebeu que você estava apaixonada. Mostre que a sua vida não gira apenas em torno dele e as chances de reconquistá-lo aumentarão.

2) ATIVA: Imagine a mesma situação. Alguém tenta conquistá-la de todas as maneiras e um dia, seja por carência ou curiosidade, você acaba cedendo. Mas o beijo não é tão bom, os corpos não encaixam como deveriam, não tem borboletas voando na sua barriga. O cara parece perfeito, as amigas dão força, mas a conclusão é óbvia: você não está apaixonada.

Não se engane, não vá levando até ver aonde vai dar. Pode parecer frio e cruel, mas a melhor atitude a tomar é dizer a verdade. Muitos casamentos infelizes começam assim. A gente dá e recebe tantos tocos porque o que queremos (e acreditamos que um dia encontraremos) é um amor de verdade.

Se você concluiu que não está apaixonada, demonstre com algumas atitudes e com outros tocos mais indiretos. Quem sabe ele se toca — um Toco Bina aqui, outro ali, um Toco MSN, um Toco Monossilábico acolá. Se ele perguntar o que está acontecendo, é uma boa hora para jogar o Toconfuso ou o Toco Planta. Dizer que você não está apaixonada equivale praticamente ao Toco Máximo. Portanto, só diga a verdade se tiver realmente a intenção de fazer com que ele desapareça da sua vida para sempre e a certeza de que não irá se importar caso uma semana depois o gato apareça apaixonado por uma loira peituda.

Toco Planta

Apesar de o nome não favorecer a imediata identificação, esse é um dos tocos mais clássicos dos últimos tempos. É o velho e conhecido "não quero me envolver", muito usado por quem já passou dos 30, saiu recentemente de um longo relacionamento ou quer se focar em outras áreas da vida, como o trabalho ou a criação dos filhos.

É preciso muita sensibilidade para lidar com esse toco, que pode não ser um fora. Pode ser exatamente o contrário. Muitas vezes ele é dito da boca para fora, assim que a pessoa constata que está, sim, envolvida. Outras, é uma desculpa cafajeste para sair pela tangente.

Para fazer o diagnóstico correto, é preciso analisar todos os ângulos da questão. Quando o discurso planta estiver acompanhado de atitudes opostas — ou seja, ele liga, se interessa pela sua vida e demonstra estar totalmente envolvido pela sua companhia —, provavelmente seu significado é o oposto do que ele quer dizer. O cara está, sim, envolvido, mas um tanto quanto assustado com esse sentimento que viu surgir quando menos esperava. Nesse caso, use a estratégia inteligente de dar linha para seu gatinho. Suma um pouco, dê o Toco Bina vez ou outra, não fique horas papeando no MSN. Logo ele estará indo atrás da corda e tentando pegar de vez o seu novelo.

Agora, se antes mesmo de dar o Toco Planta, as atitudes dispersas e pouco focadas do gato já demonstravam que ele não estava lá muito interessado na sua cordinha, deixe ele para lá. Quem não se envolve é planta. Gente é para se envolver. Quem não está disposto, seja por medo, insegurança, canalhice ou que motivo for, merece ser deixado para trás. Dê um Toco Bumerangue e não deixe de usar o Toco O Outro nos casos mais graves. Deixe sua plantinha sem água. Quem sabe a sede não a faça mudar de ideia?

Toco Onipotente

É bem típico dos cafajestes. Simpáticos, galanteadores, muitas vezes bonitos, vivem cercado de mulheres que eles não se cansam de dizer o quanto são especiais. Ele se acha Deus, responsável por todas as suas emoções e ações neste mundo terreno.

Diz que não fica com você justamente para não magoá-la. "Quem disse que vai me magoar?", você pensa, indignada. O cara conta uma história triste, diz que tem problemas para se relacionar e que sempre machuca as pessoas.

Você insiste, afinal, o que é difícil é sempre mais gostoso. Acha que pode conquistá-lo com sua beleza, inteligência e independência. Ele só não se apaixonou antes porque não a conhecia.

Dica: Não se iluda, caia fora o quanto antes. Essa tática é perigosa e uma das mais utilizadas por canalhas evoluídos.

Toco Invisível

Para executar esse toco em seu nível máximo, é necessário que a pessoa tenha certa dose de frieza e que mantenha aquele ar blasé. Você encontra o seu ficante na rua. Para ele, você não é nada. Nadinha, mesmo. O cara passa reto, finge que você e ele são personagens do Quarteto Fantástico e do Caverna do Dragão. Você, a Mulher Invisível, ele, o Vingador.

Uma variação mais reversível é simplesmente fingir que não viu. Se estiver com alguém, olhe fixamente para a pessoa e finja estar concentrada na conversa. Sozinha, pegue o celular e comece a falar alto. Se puder simular uma discussão, melhor ainda. Se tiver certeza de que ele ainda não a viu, atravesse a rua, se esconda atrás da banca de jornal ou entre numa loja.

Para evitar receber esse fora, seja sempre contida no cumprimento. Nada de ficar acenando ou fazendo festa a muitos metros de distância. Espere para ver se ele fala primeiro e adote o mesmo tom usado por seu pretendente. Seja carinhosa se ele for, entusiasmada e sorridente se ele demonstrar alegria por encontrá-la. Agora, se ele estiver acompanhado de outra, há várias reações possíveis, mas lembre-se sempre de adaptá-la ao nível do relacionamento de vocês, para não parecer ridícula.

Se acabaram de se conhecer e ficaram poucas vezes, suma ou cumprimente naturalmente. Se é um peguete fixo, escolha entre um "oi" amistoso ou um sarcástico, mas nunca, jamais, parta para o barraco. Escândalo só ser for de namoro para cima. Se escolher esta última opção, capriche. Cara fechada e olhos cheios de lágrimas vão fazê-la parecer uma coitadinha. Se for para perder a linha, que seja em grande estilo. Barraco bom é quando desce a favela inteira.

Toconfuso

Não existe nenhuma pesquisa ou dado estatístico sobre o toco (pelo menos até o lançamento deste livro), mas arriscaríamos dizer que, depois do Toco Bina, esse é um dos modos mais frequentes e efetivos de se dispensar alguém. Você deixa a porta aberta e ainda sai como se fosse vítima.

A explicação tem origem na psicologia, pois cria um processo de identificação. Quem nunca teve dúvidas? Quem nunca ficou confuso? A incerteza faz parte da natureza humana, e é por esse motivo que o Toconfuso faz tanto sucesso.

Para aplicar esse tipo de toco, seja vago. Quanto menos objetivo for, mais eficaz.

— Tá confuso por quê?

— Ah, não sei.

— Mas é alguma coisa comigo?

— Não, é comigo mesmo, com a minha vida, com tudo...

Se a pessoa insistir, emende com o Toco Amigo ou com sua variável, o Toco O Problema Sou Eu. Resista com todas as forças à tentação de se explicar.

Toco Temporário surge como uma opção natural para encerrar logo a discussão da relação. Mas pedir tempo tem 99% de chance de rompimento, com chance de vingança e sem possibilidade de retorno.

O Toconfuso existe com essa finalidade eufemística. Seu par se afastará, mas ficará intrigado, tentando descobrir o motivo da confusão. No fundo, continuará a ter esperança de que seus conflitos se resolvam e que, arrependida, você descubra que é com ele que quer ficar.

Toco Amigo

É uma variável mais amena do Toco Não Sou Apaixonado. Tem duas interpretações básicas. No final de um namoro longo ou de um casamento, significa que a pessoa não sente mais tesão. Mas o problema é com você, sim. E ele deve ter descoberto isso ao desejar ardentemente sua melhor amiga, uma colega de trabalho ou qualquer outra mulher gostosa que tenha cruzado seu caminho. Nesse caso, nada mais resta a fazer. Assuma o toco como definitivo e faça a fila andar.

Num relacionamento que está começando, o Toco Amigo tem um significado bem diferente. Ele está te classificando e quer enquadrá-la como mais uma amiga colorida. Assim como o Toco Tribalista, significa que ele te deseja, mas não está pronto para assumir um compromisso. Nessa hora, se o que você pretende é algo a mais, pode ser necessário um ajuste nas expectativas. Ser muito direta e dizer que ele é o homem da sua vida vai ter o efeito inverso, e afugentá-lo de vez.

Mostrar que também tem muitos amigos coloridos pode fazer a relação descambar de vez para o tribalismo. O melhor a fazer é aceitar temporariamente o Toco Amigo, mas com a intenção oculta de transformá-lo num Toco Bumerangue. Trate-o como um amigo e, nessa hora, faça dos tocos Bina, MSN e Monossilábico seus aliados.

Dica: A possibilidade do Toco O Outro pode ser sugerida sutilmente como uma ameaça concreta, caso o moço não reavalie rapidamente sua classificação na vida dele.

Toco A Filha/Família

É uma excelente desculpa para não ficar mal na fita e recusar pontualmente um convite para sair. Dá para usar e abusar dele e ainda fazer sua imagem de boa mãe. Se o outro não compreender, pode ser um sinal de alerta, já que não é politicamente correto ter ciúmes dos filhos de seu parceiro.

Neste caso, vale a pena pensar num fora mais definitivo, como o Toconfuso, Toco Planta ou Toco O Problema Sou Eu.

Dica: Se você não tem filhos, use outros membros da família. Ir ao supermercado para sua mãe, fazer companhia para uma tia que está no leito de morte no hospital ou ficar de baby-sitter dos sobrinhos são sempre alternativas válidas.

Toco Monossilábico

Tudo bem que homem fala muito menos do que mulher. Segundo pesquisas divulgadas, a gente fala cerca de 20 mil palavras por dia, enquanto eles abrem o bico para falar apenas 13 mil. Isso se ele está realmente a fim de você, porque quando quer abandonar o barco, o número cai consideravelmente. Esse tipo de toco normalmente começa a dar seus primeiros sinais vitais quando as conversas diminuem de maneira drástica.

Você entra no carro e liga o rádio para acabar com aquele silêncio constrangedor. Ele prefere ouvir a *Voz do Brasil* a falar algo. Depois do sexo, o momento contemplativo dele dura horas a fio. Os telefonemas são cada vez mais estranhos, você sempre fala, fala, fala. Ele continua parecendo ter engolido a própria língua. Nem sobre a mudança de tempo ele comenta. Muitas vezes prefere fazer a linha louco quando você pergunta alguma coisa, e a ignora completamente.

Na maioria das vezes, o covarde vai ficando cada vez mais na casa dele e, quando você liga para tentar discutir a relação, o que ouve são apenas "tá', "né", "sim" ou "não". Nem terminar ele consegue, prefere continuar seu discurso monossilábico a tomar uma atitude.

Dica: Antes que tenha uma síncope e sinta que está se relacionando com uma planta, faça o favor de terminar, pois é claro que ele não conseguirá pronunciar toda a frase: "Eu não quero mais ficar com você." Ou seja, é melhor tentar arrumar um cara que ao menos converse com você com um mínimo de entusiasmo pois, quando a idade chega, o que sobra é sem dúvida a conversa. Imagina sua vida ao lado de um mané desses aos 70 anos? Nem a mais zen-budista de todas aguentaria.

tocos esfarrapados

são aqueles mais leves e mais facilmente perdoáveis. Principalmente porque muitas vezes eles não significam um fora definitivo, mas sim uma desculpa momentânea e que faz parte do jogo, claro.

Toco Celular que Não Pega

Para o bem ou para o mal, a tecnologia continua a ser uma das mais poderosas aliadas na hora de dar um toco em alguém. Afinal, nunca dá para confiar plenamente nela. Partindo desse princípio, esse toco é para quem não tem coragem de dar o Toco Bina, e prefere uma versão mais light dele, já que a pessoa atende o telefone. Começa assim: você liga, o cara atende e começa a berrar: "Alô, alô? A ligação está péssima, linda, depois te ligo!" Com cara de ganso, você até acredita na versão dele. Mas aí percebe que tudo pode ser uma encenação. A ligação tinha chiados estranhos que, pasme, o cara de pau fez para dar mais veracidade.

Em diversas circunstâncias ele disse que preferia ter a melhor operadora, mesmo pagando bem mais caro. Então, como o celular não pega? E olha que realmente parece que o sinal ficou ruim por um bom tempo, porque ele passou mais de uma semana sem aparecer.

Dica: corra desse mané, que não tem coragem de assumir que não está a fim de falar com você, e dê a ele um chá de Toco Bina. Quem sabe ele não se toca do que está perdendo?

Toco Acabou o Crédito

Tudo bem que vivemos num mundo de direitos iguais, em que homens e mulheres dividem a conta do restaurante numa boa. Mas, como uma amiga nossa diz e a maioria de nossas avós vaticinou, homem tem que vir com itens de série. Um deles é ter uma carteira que contenha pelo menos uma nota de 50 reais, porque namorar um cara que não tem cacife nem para bancar um sanduíche fast-food não rola.

Se você já está nessa furada, vamos encarar a realidade. O cara é duro, e se já ligava a cobrar quando estava a fim de você (o telefone dele é pai de santo, só recebe), imagine agora que ele quer pular fora. Com certeza ele deu uma de Maria de Fátima da novela *Vale Tudo* e arrumou uma mulher com mais grana do que você. Você liga e ele não atende. Não adianta deixar recado, porque ele não tem telefone em casa e não possui créditos no celular para ouvir a mensagem de voz. Depois de uns dois dias de sumiço, ele reaparece e, no meio da ligação, fala: "Amor, o crédito tá acaban..." Pimba.

Você acha esquisito, pois antes ele não tinha dinheiro nem para te ligar e sequer falar um oi.

Depois de quatro meses, você o encontra andando a bordo de um Jaguar zerado, com um Blackberry último modelo na mão e fazendo várias ligações. Indignada, se pergunta o que o fez subir tão rápido na vida. Uma amiga sua conta que o viu numa festa de música eletrônica acompanhado de uma coroa rica. Eis a resposta: fuja de um cara que não pode nem mandar um torpedo e que fica te ligando a cobrar. Melhor seria visualizar o oportunista como um torpedo mesmo, daqueles utilizado nos navios de guerra para atingir o inimigo. Comece a contar: dez, nove, oito... e, no um, ele sumirá completamente da sua vida, indo explorar outras terras.

Toco Fingiu que Não Viu o Recado

O ser humano possui certo temor em relação a ser verdadeiro. No caso dos homens, seria um medo que paralisa. Para isso, existem temperos, como a dissimulação, a mentira, o cinismo. Cansada de levar Toco Bina, você consulta a maioria das suas amigas. Elas falam para você sumir do mapa. É claro que prefere não seguir conselho algum e,

não viu o recado

como seu signo ascendente é do elemento água, você decide mergulhar fundo no que sente. Liga para a casa dele e deixa recado com a empregada. Liga mais tarde, a mãe atende e de novo pede para anotar o recado. Ela diz que não precisa anotar, mas você insiste.

Depois de deixar trezentas mensagens na caixa postal, na casa, no trabalho e até na casa do melhor amigo dele, você pensa em desistir. Muda de ideia e continua a saga ligando para a avó do moço. Quem sabe ela finalmente não o convença a te ligar? Afinal, ela sempre gostou tanto de você e achava que fazia parte do grupo de meninas-para-casar... Mas nem este último artifício funciona. Depois de um mês e ainda se refazendo de tanta humilhação — impossível não notar no funcionário da empresa dele certa pena ao ouvir sua voz —, você o encontra na noite, com uma loira fim de carreira cheia de culotes pontudos, fumando um cigarro atrás do outro e com um cabelo de múmia, cheio de formol. As rugas pulam do rosto, denunciando uma coroa que ainda se acha cocota, e com certeza não seria uma das escolhidas para uma campanha de cosméticos para mulheres de 40 bem-cuidadas.

Vale lembrar que ele implicava com suas gordurinhas, em hipótese alguma te beijava depois que você fumava um cigarro e mandava você parar de chorar para não ficar com cara de maracujá de gaveta. Mesmo chocada com a cena que gostaria de nunca ter visto, ingênua como uma menina de 13 anos e se sentindo a última formiga da face da Terra, você toma coragem e pergunta ao panaca se ele recebeu o recado. Ele, com a cara mais lavada do mundo, diz que não. E ainda apresenta a nova namorada, que é comissária de uma companhia aérea (coitados dos passageiros).

Dica: Não fique nem mais um minuto perto desse imbecil e deixe o destino, que foi muito mais cruel com ele do que com você, agir. Que tipo de cara namora uma aerovelha, fumante e com um cabelo de espiga de milho? No mínimo, a companhia em que ela trabalha não deve servir mais nenhum lanche na ponte aérea, pois todas as barrinhas de cereais foram parar no estômago da tal "mulher glicose".

Toco FGTS

Até o mundo do crédito se tornou uma valiosa arma para os homens utilizarem a favor deles quando querem adiar ou terminar uma relação. O que poderia ser uma inocente tentativa de melhorar de vida em conjunto, a bordo de um carro zero ou em um apartamento recém-construído, acaba se tornando uma desculpa para pular fora de algo mais sério e, quem sabe, colocar um ponto final no relacionamento morno.

Normalmente, você e seu namorado estão juntos há um bom tempo e parece que ele faz um consórcio de propósito para te enrolar e nunca assumir um compromisso. A maioria de suas amigas e dos amigos dele vão se casando, e você já está de saco cheio de ser a coadjuvante, e nunca a noiva, a personagem principal. As parcelas vão chegando e é cada vez mais claro, a cada mês que passa, que ele é incapaz de se tocar e preparar uma surpresa para te pedir em casamento, por exemplo.

A sua paciência vai acabando até que você decide dar um ultimato. Como é muito precavido, o seu quase ex diz que só vai ficar com você quando conseguir tirar todo o fundo de garantia, ou ainda quando for contemplado no consórcio. Isso deve dar, no mínimo, uns cinco anos de espera.

E sem garantia alguma porque ele pode ser contemplado, pegar o carro e sumir com aquela ex com bunda de tábua dele e com quem é notório que ficou uma história meio mal-resolvida. Detalhe que ela sempre liga doidona no Natal e no ano-novo para o moço. O pior, ele atende e fica horas consolando a perua, tadinha!

Dica: Melhor andar de ônibus lotado, com todo mundo se esfregando, e morar de aluguel num conjugado sem janela com um cara que te ame de verdade do que viver com um que só vai te assumir como mulher quando "tiver alguma segurança na vida".

Tocudoce

O fato de o homem ter sido criado antes da mulher tem valor fundamental neste tipo de toco. Afinal, primeiro veio Adão e, da costela dele, Eva, a primeira mulher. O homem que executa este tipo de toco é, de fato, como o primeiro personagem humano da Bíblia. Nas primeiras saídas, o banana deixa bem claro que em primeiro lugar vem ele, em segundo, também ele e, em terceiro, adivinha? Ainda não é você, querida. A fila dele é um séquito de réplicas antes de você.

Tudo bem, você continua a sair com o cara, mesmo achando um pouco demais ele só dirigir usando o retrovi-

sor na direção do topete impecável e sem um fio fora do lugar. Como homens metrossexuais estão na moda, você dá uma chance ao rapaz, que pelo menos a leva de graça a bons restaurantes e motéis caríssimos. E é assim, em meio a taças de Dom Perignon, viagens curtas para esquiar em Aspen e eventos superbadalados, que sua vida com ele chega a ter algum sentido.

Mas tudo muda de figura quando ele vai à sua casa e não come a salada. "É cheia de germes", ele diz, com a empáfia de quem só se alimenta de verduras que vêm diretamente da estufa orgânica da fazenda da família dele, que fica na serra. Ele revela um lado que você não conhecia: começa a te tratar como empregada, como se você tivesse que estar ao inteiro dispor dele a todo momento. Não a leva mais para sair e sempre vem com desculpas esfarrapadas: "Tenho que ficar em casa vigiando o meu gato siamês de raça" ou "Vou jantar num restaurante franco-italiano com meus pais, que chegaram de uma viagem supercansativa. Eles estavam em Teresópolis". Para quem não sabe, o panaca está falando de uma cidade que fica a uma hora e meia de carro do Rio de Janeiro.

Cansada de ficar com um cara que age como se fosse a última Coca-Cola do deserto ou a bala que matou o presidente americano Kennedy, uma boa dica é realmente "meter o pé", como diz o povão. Porque ninguém, ninguém mesmo, merece ficar com um metidinho e que ama fazer cu doce. Melhor fazer um churrasco na laje com molho à campanha (ou seria acompanha?).

Toco Praia

Em cidades litorâneas, é natural fazer uso das belezas naturais do local para dar uma desculpa e deixar o outro perdido como uma canoa em alto-mar. O Toco Praia é um dos sinais iniciais de que o cara deixa bem claro que se deu sol ou se o mar subiu mais de um metro, ele não está nem aí para você, que se tornou a última opção do mané.

Vamos supor que seu ficante tenha marcado de levá-la para viajar no fim de semana para um hotel super-romântico, num lugar cheio de cachoeiras e com direito a passeios a cavalo. Na véspera, ele primeiro manda ver um Toco Bina. Depois, desliga o telefone. Você liga várias vezes e só dá caixa postal.

Só à noitinha ele liga de volta e diz que não vai poder viajar, porque viu num site especializado que vai dar o maior "praião" no dia seguinte, com "altas ondas". Muda do outro lado da linha, você fala para si mesma que nunca mais vai ficar com surfistas aficionados, atletas que acordam antes do nascer sol e bombeiros. Nem com desocupados que desmarquem compromissos em cima da hora para ver as mulheres desfilando na frente dele, com aqueles biquínis minúsculos, enquanto o sol estoura seus miolos.

Tocongresso

É a variável moderna de um fora secular: o Toco Viagem a Trabalho. A necessidade permanente de atualização profissional justificou o surgimento dessa desculpa cada vez mais comum. É muito usado por homens casados. Dentistas, médicos e outros profissionais da área de saúde são os que se utilizam mais apropriadamente desse tipo de toco. Mas a cara de pau obviamente não tem limites, o que faz com que qualquer um possa disfarçar uma romântica viagem de lua de mel com a amante, transformando-a num desses congressos profissionais.

Muitas vezes o evento até existe. Mas, ao chegar ao resort destinado para o evento, a última coisa em que se

pensa é nas palestras. É bem melhor exercitar o networking com uma colega gostosa do escritório, também casada, ou uma recém-conhecida que more em outro estado. Muitos casamentos não resistiriam se um, ou ambos, os cônjuges não pudessem dar suas escapadelas.

Há parceiros que fazem vista grossa e mal checam as informações do cônjuge congressista. Mas é bom se precaver e usar o mínimo de inteligência para montar um Tocongresso que se preze e, caso seja capaz de executá-lo com mais frieza, falsifique um diploma por ter participado do congresso. Não invente eventos inexistentes. É muito fácil checar pela internet se o congresso está ou não acontecendo na cidade mencionada.

Dica: Não crie um Tocongresso do dia para noite. É preciso planejamento. Não dá para usá-lo no fim de semana seguinte só para impressionar o gato que acabou de conhecer.

Toco Desastre Natural

Não importa se o mundo vai mesmo acabar em 2012 ou se é apenas mais uma profecia maluca. Para os homens, tudo,

TUDO MESMO, pode se tornar uma desculpa. Você conheceu um cara muito fofo no aeroporto em sua última viagem para os Estados Unidos. Ele estava indo para a Índia passar cinco meses e você acabava de chegar de férias de Los Angeles. Trocaram e-mail, porque é óbvio que nem celular ele estava levando. Passaram a se corresponder e você começou a gostar da situação.

Percebeu que vocês tinham várias coisas em comum e não via a hora de partirem para uma relação cara a cara. O tempo passa, ele volta, vocês ficam dois dias juntos trancados num quarto e ele parte para mais uma de suas viagens. Desta vez o destino do moço é o Chile. Depois de uns dias, você vê na TV que o país sofreu um terremoto. Desesperada, tenta contato pelo MSN ou Facebook, mas ele não responde.

Depois de uma semana, manda um e-mail dizendo que está bem, mas não sabe quando volta ao Brasil. Um mês se passa e nada dele. Um dia, olhando as vitrines de Ipanema, você vê o seu aventureiro passeando com duas chilenas, na maior felicidade. Você vira a cara para o mau elemento e diz para si mesma: "Nunca mais caio nessa de desastre natural."

Toco Tribalista

Tribalistas foi um trio musical brasileiro de MPB composto por Arnaldo Antunes, Carlinhos Brown e Marisa Monte. Seu único álbum, lançado em 2002, vendeu mais de meio milhão de cópias. E não foi à toa. O refrão de sua música de maior sucesso — "Eu sou de ninguém, eu sou de todo mundo e todo mundo é meu também" — é a essência desse tipo de toco.

É a variável pós-moderna do Toco Planta. Mas não é que a pessoa não queira se envolver. Até quer. O que ela não quer é ter de escolher. O Toco Tribalista tem que ser visto dentro de uma lógica temporal. No início de um relacionamento, dentro de algumas tribos mais liberais, ele até pode ser considerado natural.

Conforme a relação evolui ao longo dos meses, nos casos mais extremos até anos, é preciso decidir se você quer continuar alinhado com a sociedade tradicional, monogâmica, ou se vai assumir seu lado tribal e abolir — ou engolir — todo ciúme e possessividade que porventura ainda reste dentro de ti.

Caso você seja ultramoderna e decida-se pela última alternativa, exerça o tribalismo numa via de mão dupla e observe se seu parceiro aceita com a mesma naturalidade sua opção. Advertimos que a sociedade monogâmica tradicional é também machista e não costuma reagir bem ao tribalismo feminino.

"Eu sou de todo mundo e você fica me esperando aí" é o que no fundo seu homem quis dizer quando propôs esse modelo de relacionamento. Se, confrontado com essa constatação, ele se defender dizendo que não é verdade, fique com um dos melhores amigos dele e observe — com um sorriso interior — a tribo pegar fogo e ele virar um canibal prestes a comer o seu ex-brother.

Toco O Problema Sou Eu

É difícil encontrar alguém que ainda não tenha dado ou levado um toco desses. É seguramente um dos dez mais utilizados e a razão é uma só: ele funciona. Assim como o Toconfuso, quanto mais genérica em relação ao problema você for, melhor. Uma boa tática para não ter que ser clara sobre o X da questão é utilizar os dois tocos em conjunto. É só dizer que está confuso e, quando ele insistir sobre o motivo, dizer que ele é o máximo, o homem ideal que sempre imaginou, mas que o problema é você. Ou vice-

versa: diga que o problema é contigo e, quando ele quiser saber qual é, responda que está confusa.

Invente defeitos, diga que tem dificuldade com relacionamentos, que precisa se encontrar, que não consegue se entregar. Ele vai insistir no quanto você é maravilhosa, mas não aceite nenhum elogio, desconstrua todos os argumentos dele, demonstrando quão problemática você é.

Toco Meteorológico

Mais um toco muito conhecido para dar uma amansada em uma relação que vai rápido demais. Por exemplo, você não quer assumir o compromisso de ver a pessoa todo dia. Geralmente, não há como duvidar deste toco, pois a pessoa se baseia no clima do dia para dar a desculpa de que não pode sair com você: "Aqui está chovendo muito, não dá nem para tirar o carro da garagem, alagou toda a minha rua."

Ou então, faça a linha preocupada: "Lindo, nem vem me ver hoje porque acabei de ver na TV que vai cair um temporal daqueles." Outras variações, como vendavais, tufões, sol escaldante, raios e trovoadas, estão valendo. Só não dá para mandar este tipo de toco e ir para um local público.

Caso encontre seu peguete na festa, ele com certeza vai perguntar por que você não levou o guarda-chuva. E é claro que este toco, antes inocente, pode desencadear uma série de outros da parte afetada, como Toco Bina e Toco Foco. Não queira ver seu eleito se transformar no deus grego Poseidon, capaz de transformar uma tempestade num copo d'água em um tsunami gigantesco.

Toco Redes Sociais

As redes sociais são um terreno fértil para a azaração nos dias de hoje. Por isso mesmo, é importante reparar nos códigos ocultos que permeiam o uso dessas ferramentas para o exercício de uma atividade atemporal: o flerte, paquera.

Para começar, se também estiver paquerando outras pessoas, apague seus rastros. No Facebook, quando aparecer "Fulana escreveu no mural de Ciclano" ou "curtiu a foto de Beltrano", clique em "remover", que aparece no lado direito da frase. E fique atenta às rivais.

Mulheres (e homens) gostam de marcar seu território, também digitalmente. Mas o sexo feminino, quem diria, é muito menos comedido e parte para o ataque direto. Se a

maioria dos homens apenas "curte" ou manda um recado objetivo, quase impessoal, tipo, "kkkkk", "É isso aí", ou no máximo um "Falamos mais tarde", as mulheres usam e abusam de palavras carinhosas e daquelas carinhas emotivas. A do olhinho piscando seguida de reticências é sinal de flerte na certa.

A revolução digital facilitou a comunicação interpessoal a tal ponto que é impossível uma mensagem não atingir o destinatário. A não ser que ele não queira ser encontrado. Se tentou ligar, mandar torpedo, chamar no MSN, e ele não pareceu, não escreva nada na página dele do Facebook ou do Orkut. A chance de ele não responder nada e o toco ficar lá, público, eternamente para quem quiser ver, é enorme.

O auge do Toco Redes Sociais é quando você deixa um recado — ok, demonstrando um pouco, não muita, intimidade — e ele simplesmente apaga. Deleta o SEU recado, mas não o daquela empacotadora de chapéu fora de moda que curte e comenta simplesmente TODOS os posts dele.

Dica: Para se vingar de situações como essa, escolha um peguete, ficante, ex-namorado ou simplesmente um amigo gato e gay (desde que seu alvo não saiba disso) e deixe um recado bem carinhoso. Nesse caso, não apague o rastro. Deixe lá para ele ver. Ou melhor ainda, atualize seu status com frases misteriosas e peça para seu cúmplice deixar um recado comentando como a noite foi boa ou quão maravilhosa você é.

Toco Sorte

Você conhece o cara, ele é interessante e... voilà. Está solteiro, sem nenhuma ex fantasma... que milagre! Começam a sair, está legal, a química é boa, os amigos incentivam, parece que estão apaixonados.

Sabe como são as pessoas quando se apaixonam. Ficam mais bonitas, mais atraentes, e de repente todas as ex-namoradas da vida dele começam a reaparecer. Sentem que estão perdendo e se esforçam para reconquistá-lo. Simultaneamente, todas as mulheres do círculo social do gostosão começam a perceber o que você viu primeiro: "Uau, não é aquele gatinho interessante, charmoso, com cara de que tem pegada."

Pode-se dizer que está chovendo na horta dele. Sem a cara de pau necessária para apelar para o Toco Tribalista, seu príncipe pensa: "Tô com sorte. Há tanta vida lá fora..." e sai batendo as asinhas por aí, fazendo girar a roda da fortuna.

Dica: Não fique parada. Você também não está mais bonita apaixonada? Usufrua da liberdade temporária e vá desenhando o Toco Bumerangue... que irá decepá-lo quando ele menos esperar.

Toco Até Pode

Gatinha conhece gatinho na faculdade. São conhecidos, mas não são amigos. Um dia se encontram em um festival de música em Santa Teresa. O gatinho fica junto com o grupo dela. A noite já tinha avançado o suficiente e, a certa hora, todo mundo sumiu. Os dois ficam sozinhos naquele clima romântico, e começam, meio sem jeito, a conversar entre si. O som está alto e eles falam bem próximos um do outro. A tensão paira no ar e o tão esperado beijo parece inevitável.

A gatinha, que é meio tímida, pensa: "É agora." Respira fundo, busca toda a coragem que tem dentro de si e pergunta:

— Posso te beijar?

Pausa, microssegundos que parecem horas depois, ele responde:

— Até pode...

Ela não acredita que está ouvindo isso, quer cavar um buraco no chão e desaparecer. O clima esfria, a gatinha diz para deixar para lá. O inevitável beijo não acontece.

Dica: É justamente para evitar situações como essa que existe a regra básica: beijo não se pede, se rouba. Não dê espaço para a racionalidade alheia. É muito difícil se desvencilhar de um beijo quando ele já está rolando. Sua vítima pode até não querer racionalmente ficar com você, mas se o beijo for bom, pode ser o ponto de partida para mudar de ideia.

Toco Astral / Toco Exu

O Toco Astral faz parte da categoria dos tocos esfarrapados. Sim, eles existem e são muito mais comuns do que se imagina. É uma desculpa usada principalmente pelas mulheres. Algumas chegam a ter uma certa obsessão:

— Ah, homem de escorpião eu estou fora. Sou de sagitário e o meu signo não combina com o seu. Não ia dar certo mesmo.

Às vezes o infeliz não dá a mínima para astrologia, nem sequer sabe a hora em que nasceu ou onde está a Lua no seu mapa astral.

Uma variável é o Toco Exu, mais um típico fora feminino. Ele acontece quando a mulher vai ao terreiro de umbanda saber qual é o futuro de seu relacionamento e o pai de santo diz, sem dó nem piedade: nenhum. Desconcertada e influenciada pela consulta, a gata chama o carinha para discutir a relação. Ele fica meio em cima do muro, dando a deixa para levar o toco. Ela finaliza:

— Melhor terminarmos, a minha Pombagira não bate com o seu Exu.

Não importa a crença ou religião. Segundo a Lei do Toco, ele simplesmente vem. Muitas vezes, sem motivo aparente. Algumas mulheres, com vergonha da própria crendice, não chegam a revelar abertamente o Toco Astral e fazem o discurso oficial se utilizando de outra espécie de desculpa. Se esse for o seu caso, Toconfuso é uma ótima pedida.

Toco Fungo

Mulher casada tem um peguete. Ele não gosta muito do fato de ela ter um marido. A verdade é que está meio apaixonadinho e não sabe como sair da história. Eles se

encontram com frequência, mas não muita. Ela é uma executiva atribulada, tem pouco tempo de sobra. Combinam algumas vezes de se ver, mas na última hora um dos dois surge com uma desculpa e o encontro acaba não acontecendo.

Ela já está morrendo de saudades do seu casinho. Não são muito de se falar por telefone, a troca de mensagens acaba acontecendo mais por e-mail ou mensagens pelo celular. Um dia em que haviam combinado de se encontrar, ele manda um SMS dizendo que não poderá ir. Ela faz o que não costuma fazer e liga para ele.

Meio sem graça, o gato responde que não poderá vê-la naquele dia porque está com fungos.

— Hã! O quê? — pergunta ela achando que ouviu mal.

— Não vai dar hoje porque estou tomando um remédio para fungos e aí, você sabe, não pode... — responde ele.

Os dois nunca mais se encontraram. Ele ainda insistiu algumas vezes depois, chegou a explicar que o fungo não era lá, mas como típica virginiana, ela perdeu completamente o tesão.

Dica: Tenha cuidado com o Toco Fungo e só o aplique nos casos em que o que você quer é dar o Toco Máximo.

Toco Artista

Ele já passou dos 30, mas ainda não saiu da adolescência. Tem uma banda com os amigos e se acha o Mick Jagger. Além dos ensaios intermináveis, nos quais você nunca é bem-vinda, de vez em quando a bandinha inventa de se apresentar em algum fundo de garagem ou festival de música estudantil.

Haja sangue-frio para se comportar ao ver as amigas e as amigas das amigas em volta dele depois do show. Ele até estufa o peito de tanto orgulho. E dá mole para todas se achando "o" artista. Justifica-se dizendo que você tem que entender que o talento dele não pode permanecer escondido e que você não pode se incomodar com as "fãs", afinal, ele escolheu você como a sortuda namorada.

A desculpa dele será sempre a banda, seja quando você pegar mensagens suspeitas no celular ou quando mulheres com roupas decotadas deixarem recados ousados no Facebook dele. Se você não conseguir se conter e tiver ciúmes a cada investida de outra ao seu artista, corre o risco de ele te dar cartão vermelho na véspera do show mais importante da suposta carreira dele. E ainda pedir para voltar depois que o espetáculo acabar, fazendo juras de amor.

Toco Sono/Toco Chapado

Num relacionamento já estabelecido, ou quando o convite chega de sopetão, esse toco pode significar apenas que a pessoa está cansada de verdade. Mas se vocês acabaram de se conhecer, marcaram um encontro e de repente ele, ou ela — pois esse é um toco unissex — liga desmarcando, é um sinal de desinteresse sim. Pior ainda se o telefonema acontece de última hora, quando você já está arrumada e maquiada.

Lembre-se das vezes em que você realmente esteve a fim de alguém. Pense em quantas deixou de encontrar o seu amor por estar cansado. Poucas ou nenhuma, não é mesmo?

Uma variável mais adolescente do Toco Sono é o Toco Chapado. Quando falamos mais adolescente não significa que não possa ser dado por adultos. É que na maioria das vezes quem já saiu da faculdade disfarça o Toco Chapado com o Toco Sono.

Essa modalidade acontece quando você marca um encontro à noite, mas, de tardinha decide dar um doizinho para relaxar. No entanto, acontece o efeito inverso. O baseado te deixa com a maior larica, e, depois de atacar a geladeira, comer um pacote de pão de forma, arroz e feijão gelados, um saco de biscoito recheado inteiro e uma caixa de bis, bate aquela chapação.

Se tiver forças para ligar para o outro para desmarcar, já quer dizer que ele é de fato alguém por quem você tem muita consideração. O mais comum é apagar no sofá sem dar a menor satisfação e só acordar com o telefonema revoltado do outro que você deixou esperando.

Dica: O melhor mesmo é lançar mão do Toco Sono ou o Toco A Filha/Família.

Toco Temporário

Você não assume por completo, mas está superapaixonada pelo cara que conheceu pela internet. Já saem há um mês e tudo indica que você finalmente vai namorar um cara gato, inteligente, rico, gentil e bom de cama. Numa sexta-feira de lua cheia, ele a convida para um jantar, que você espera ser o mais romântico de todos que já tiveram. Finalmente ele vai pedir você em namoro.

Você se prepara toda, toma banho de rosas vermelhas para fazer a noite pegar fogo. No restaurante, a cara dele não é das melhores. Nem espera chegar o prato principal e diz:

— Preciso falar uma coisa séria. Acho que o nosso caso precisa de um tempo, para pegar força.

— Como assim? — O pãozinho do couvert engasga na sua garganta, e você quase morre, tamanho o choque.

Bem-vinda ao Toco Temporário. Normalmente esse tipo de toco é dado quando a pessoa quer se livrar de você, pelo menos por um tempo. Pode vir junto com um Toconfuso, ou ainda um Toco Foco. Ou então não tem coragem de dar o fora de uma vez, e prefere ir a cozinhando em banho-maria enquanto busca outras formas de se satisfazer.

Dica: Não fique em casa esperando e vá em busca de alguém que te valorize. Pode ser que você encontre algo muito melhor pelo caminho, principalmente caso ele decida não voltar mais.

Toco Pressa

Quando estamos apaixonados, o tempo deixa de existir. Por mais que tenhamos outro compromisso e estejamos verdadeiramente atrasados, não temos pressa. Queremos prolongar ao máximo o encontro, que sempre deixa um gostinho de quero mais.

É sempre sedutor ser simpático, atencioso e breve. Faz com que o outro fique desejando te encontrar de novo. Mas, se for recorrente, pode ser um sinal de que o relacionamento está esfriando.

Se você está gostando de um cara e ele nunca dá atenção a você, sempre dizendo que está com pressa, não se iluda, ele não está muito a fim. Se, ainda assim, você acaba ficando com o gatinho na night, mas na próxima vez que se encontram ele te dá aqueles dois beijinhos descuidados e continua dizendo que está na correria, é sinal de que provavelmente ele não quer mais nada mesmo.

Se você insistir e, mesmo assim deixar o caso evoluir, confiando que irá conquistá-lo na cama, provavelmente irá se decepcionar. Se toda vez que vocês transam, ele se levanta logo, veste a roupa e diz que tem que ir embora,

pode ser que com um Toco Bumerangue a situação possa ser revertida.

Dica: Tente alguns Tocos Binas, MSN ou Redes Sociais. Ou vá logo para o Toco Máximo, dizendo que se ele não tem tempo para te encontrar direito, quem quer um tempo dele é você.

Toco Foco

É quando a pessoa chega para você e diz que está cheia de problemas na vida e precisa estar focada para resolvê-los.

Tipo, você começa a sair com um gatinho — o seu vizinho! — e está se envolvendo. Ele é legal, te trata bem, quando vocês transam, acorda no dia seguinte naquele bom humor, a pele brilhante, o sorriso que teima em ficar em seu rosto mesmo durante uma reunião chatíssima de trabalho. Na verdade você está em outro lugar, relembrando os detalhes da noite maravilhosa que tiveram.

Só que a vida não para nem para os apaixonados. Você tem mil e um problemas para resolver: é seu pai desempregado te pedindo um empréstimo que você não pode fazer, a filha carente de atenção, a pressão no trabalho, todas as contas para pagar.

E você ali, sem foco nenhum em nada a não ser no telefone para saber se ele vai ligar, na troca frenética de torpedos, no MSN, para ver quando ele fica on-line. Um dia, a ex dele deixa um recado barraqueiro no Facebook e você se desestrutura totalmente.

A mulher é daquelas perigosíssimas, que não quer voltar, mas gosta de ficar mantendo a relação obsessiva e aterrorizando todas as novas mulheres da vida dele. Com medo de levar um Toco A Ex, dá um Toco Foco nele: ou a fantasma distorcida vai embora ou você vai se focar em outras áreas da vida.

Toco Fome

Esse faz parte dos tocos absurdamente esfarrapados, mas que, infelizmente, volta e meia somos obrigadas a ouvir. Você é pega de surpresa por um convite inesperado e que não quer aceitar. Sem muito tempo para pensar, acaba respondendo que não pode ir porque está com fome e vai sair para comer alguma coisa.

Tal desculpa acaba queimando seu filme e revelando que você não quer nada sério com a pessoa, já que ela não serve nem para te fazer companhia na hora do lanche. Mas se as palavras já saíram da sua boca, emende com outros tocos mais plausíveis, como o Toco Sono.

Toco Tô Chegando

Esse é um toco típico dos cafajestes e dos enrolados. Os dois combinaram de se encontrar depois do trabalho. Você está cansada, mas, a fim de vê-lo, aceita.

Mais ou menos na hora em que costuma sair do escritório, ele liga. Barulho de bar ao fundo. Diz que está chegando. Você entra no banho, escolhe uma roupa bonita, coloca uma lingerie sexy na melhor da intenções, se maquia...

Já deu tempo de ele chegar, mas nada... bate uma fome. Você decide esperar para jantarem juntos. Liga a televisão na novela a que você nem assiste e fica vendo as imagens passando sem pensar em nada. Ansiosa, liga para ele. Toco Bina. Insiste. Ele atende. Diz que está chegando. Barulho insistente de bar ao fundo.

Você decide comer alguma coisa antes que desmaie, dá um confere no look. Decide trocar o vestido. Olha de dois em dois minutos para o telefone para ter certeza de que não tocou e de que nenhuma mensagem chegou.

Ele finalmente liga, já meio bêbado. O barulho de bar persiste, e agora você também ouve voz de mulheres. O gato diz que tinha parado para tomar um chope com os colegas de trabalho, mas que já pediram a conta.

Meio irritada, mas ainda com esperança de vê-lo, fala para ele vir logo. Marca o tempo do caminho que ele tem que fazer para chegar à sua casa. Os minutos passam e nada dele chegar. Você liga de novo. Mais Toco Bina.

"Também, com aquele barulho ao fundo não se escuta nada mesmo", você pensa. As vozes femininas ecoam na sua cabeça e você começa a se perguntar quem eram e o que falavam. Isso ativa seu lado psicopata. Liga freneticamente até que ele finalmente atende.

O barulho de bar acabou. Voz sonolenta. Ele já chegou em casa e você acabou de levar um Toco Tô Chegando, tô chegando... e não chegou nunca.

tocos sinistros

são aqueles que não deixam margem à dúvida: você levou (ou deu) um toco daqueles que precisam ser digeridos lentamente por dias — ou anos — e podem provocar um trauma na sua autoestima. Ou melhor, podiam. Conhecendo melhor os mecanismos que regem o toco, você poderá devolver o fora na mesma moeda. Ou pelo menos não perder o bom humor.

Toco Máximo

O fim de um relacionamento nunca é bom. Pelo menos no último dia mesmo, quando o casal percebe que aquele barco realmente afundou e que nunca mais voltará à superfície. Os dois acabam chorando, falando sobre a infância infeliz, os abraços parecem nunca ter fim.

Quando analisamos pelo lado positivo, os relacionamentos terminam assim. Porém, quando você prefere dar uma de carente em último grau, as coisas podem não sair como o esperado. É essa a deixa para o Toco Máximo ser o protagonista da situação. Você chora, se descabela, pede para não terminar.

Seu namorado vai ficando de saco tão cheio de você puxar a barra da calça jeans nova dele, literalmente, que prefere deixar de lado todos os outros tocos mais amenos, como o Toconfuso ou o Toco Amigo, e parte para o toco mais temido de todos: "Eu não quero mais ficar com você. Eu não gosto de você. Por que não me deixa em paz? Não tenho mais tesão nenhum em você! Acabou."

As palavras dele começam a ecoar em sua mente como facas cortando seu corpo em pedacinhos. É o efeito do Toco Máximo. Atônita, você não consegue falar mais nada

e assume a derrota. Mas a batalha não chegou ao fim, pelo menos para ele, que olha para seu rosto, completamente desfigurado de tanto chorar, arrematando:

"Prefiro frequentar uma sauna gay a sair para comer um temaki com você. Aliás, você nunca fez meu tipo." Golpe baixo, você constata. E vê o homem que destruiu sua vida emocional em minutos ir embora com ar de vitorioso.

Desconsolada, ao bater a porta de seu apartamento, pega o telefone e pede a promoção de dez temakis do restaurante japonês falsificado da esquina. Nem precisa dizer que comerá tudo sozinha, deixando o calórico de banana com canela para o ápice. Salve, açúcar!

Toco Você Pega o Buquê

Nem toda mulher sonha em se casar de véu e grinalda, certo? Mais ou menos. Olha, nós ainda achamos que, por mais que a maioria das representantes do sexo feminino prefira gastar a grana do casório numa viagem paradisíaca, existe sim aquele desejo de que o cara assuma o amor que sente na frente de todos. E, se isso for num altar, é ainda mais lindo, concorda? Mas nem sempre a vida é assim.

Seu namorado é a prova de que o mal existe e está a seu lado. Ele tem cara de gente boa, por isso é ainda mais difícil acreditar no que será capaz de fazer. Em três anos de relacionamento, ele nunca te deu um anel de compromisso e só pediu sua mão com o objetivo de receber um cafuné ou para mexer o macarrão no fogo. Ao falar em grinalda ou algo que remeta ao eterno sim, o exagerado começa a suar e pede um copo de água com açúcar.

Mesmo estranhando o comportamento do moço, você continua acreditando que, um dia, a ficha cairá e ele finalmente se ajoelhará para pedir a sua mão em casamento. Os meses passam e nada muda. De saco cheio de tanta indefinição, você dá um ultimato. Ele foge da raia e prefere dar um Toco Temporário. Depois de duas semanas sem notícias do desgraçado, você recebe uma carta pelo correio. Acreditando que ele finalmente mudou de ideia e revelou a faceta romântica que tanto escondia, rasga o envelope devagarzinho e...

Um convite de casamento com um bilhete?!?

"Linda, obrigada por me fazer enxergar o que não era capaz de ver. Encontrei minha alma gêmea assim que nos separamos e, hoje, estou pronto para me casar. Como recompensa, quero que seja minha madrinha."

Num misto de raiva e choque, você começa a chorar. Que tipo de crápula faz uma coisa dessas?

Dica: Nunca deixe o namoro passar de dois anos. Nessa fase, o interesse já não é o mesmo e você evita que o seu namorado se case com outra e ainda a chame para ser madrinha. De presente, mande todas as fotos que tirou dele enquanto estava dormindo ou na privada, e faça uma carta com os defeitos do idiota. Assim, a atual mulher vai saber direitinho que o inimigo dorme, literalmente, ao lado dela.

Toco High School

Depois de levar um Toco Máximo, sua vida amorosa volta ao marasmo de antes. Como a maior parte de suas amigas está casada ou namorando, o que resta em pleno sábado à noite é ficar em casa assistindo à estreia do Telecine Premium, devorando um pote de sorvete com Nutella para, depois, sonhar que em algum lugar do mundo Hugh Grant a espera ansiosamente. Peladão. Preparada para um sábado animado, Julinha, sua única amiga solteira, liga superempolgada chamando você para uma festa de uns amigos da faculdade.

Cansada de tanta monotonia, você topa e vai procurar em seu armário uma roupa sexy, e acaba achando um vestidinho fofo que usava quando tinha 20 e poucos anos. Por causa da depressão em que seu ex a deixou ao terminar com um Toco Não Sou Apaixonado, você voltou a ficar magra como naquela época, depois de semanas à base de rúcula e Coca Zero.

Meio sem saber se tomou a decisão certa, ao esperar na portaria, um menino de 15 anos te olha de uma forma meio estranha. Você acha impossível que aquele garoto esteja te azarando. Julinha chega num conversível e você fica impressionada: ela parece bem mais jovem! No caminho, ela conta como aos 33 parece ter 25, e diz que só fica com caras bem mais novos. Você pergunta:

— De quantos anos, 28?

Ela deixa no ar:

— Não, mais novos ainda. Quando chegar lá entenderá do que estou falando.

Na chopada universitária, com certeza você é a mais coroa e começa a se sentir deslocada quando vai ao banheiro e uma adolescente pergunta: "Tia, tá na fila?" Sai de lá transtornada e pede logo uma dose de vodca com Red Bull. Outra rodada, e outra.

high school

De repente, um teen parecido com o Zac Efron começa a te dar mole enquanto toca "Russian Roulette", hit de Rihanna. Julinha, separada, mãe de três filhos e aluna do primeiro período de educação física, diz que ele é o homem mais bonito da turma. "Homem?" Ok, você resolve encarar a roleta-russa e tasca um beijo daqueles no menino (menino, mesmo) que acabou de sair da escola. No dia seguinte, ele acorda na sua casa e você acha excelente comprovar o vigor sexual de um adolescente de 18 anos. E olha que ele já está no banheiro ligando para os amigos e contando que ficou com uma mulher bem mais velha.

Sem dar muita bola à diferença de idade, vocês começam um relacionamento. Vão ao cinema assistir a quinquagésima versão de Velozes e Furiosos, jogam Nintendo Wii e depois fazem sexo selvagem. Suas roupas são mais coloridas e todos no escritório acham que você rejuvenesceu muito. Parece o namoro perfeito, até que, durante uma partida de paintball (não ache que ele vai te levar para tomar um vinho ou a um bom show de jazz), ele fala, do nada: "Sou novo demais para você." Sem acreditar, você olha em volta e vê que o Toco High School a pegou de jeito. Saia dali correndo e sempre confira a identidade antes de se atracar com alguém numa boate.

Toco Première

Depois de um tempo solteira, você reencontra um amigo dos tempos de faculdade e fica surpresa com a nova profissão do rapaz: ele é ator e começou a rodar um longa-metragem que pode deslanchar sua carreira. Vocês ficam e começam a engatar um romance superlight. Os passeios são sempre divertidos e ele sempre pede para você passar os textos com ele, de preferência em sua cama, após um sexo estimulante.

No filme, você interpreta a amante do papel do seu peguete, e confessa que adora a brincadeira. Uma semana antes da estreia, ele dá um Toco Temporário e diz estar muito ocupado se preparando para o grande dia. Você entende e dá o espaço que ele pede, pois sabe que é o primeiro passo importante na carreira dele, já que antes disso, tirando as peças da faculdade, só tinha feito figuração em novelas e um pinto numa versão moderna de *Os saltimbancos*.

Finalmente chega o dia e você separa algumas horas para ir ao salão e ficar linda para seu Marlon Brando de Copacabana. E, mesmo no limite do cheque especial, compra um vestidinho vermelho para não fazer feio no meio de tantos holofotes, pois seu título é o de primeira-dama, claro. Mesmo sem sinal dele, você chama uma amiga para te fazer companhia.

Tapete vermelho estendido, luzes acesas. Nervosa, você dá o último retoque no batom e desce do táxi pronta para arrasar.

— Meu nome não está na lista? — diz para a hostess, que pergunta quem você é. — Ué, meu namorado está no elenco do filme. — A recepcionista ri com certa ironia e manda você entrar. Depois de assistir ao filme sentada no chão e p. da vida por amarrotar seu vestido novinho, sai da sala para falar com o cara e ver o que aconteceu.

Ao chegar no saguão do local, ele está com a mão na cintura de uma mulher-fruta dessas da vida. "Ainda bem que estou com um rímel à prova d'água que não vai borrar se eu chorar aqui." Sua amiga aperta sua mão e você tira coragem não sabe de onde para falar com o mané. Ele, que já faz a linha branco leite, fica pálido ao te ver e diz um: "Tô indo nessa." Ele sai com a baranga deixando você a ver navios.

Dica: Nunca acredite num ator que nasceu para ser coadjuvante. Ele sempre vai querer uma breguelê dessas da vida, que normalmente fazem uma ponta numa novela falida e acham que um dia vão ser estrela.

Toco Missão

Imagine a cena: você chora compulsivamente ao telefone, enquanto ele diz, com uma voz melosa, que infelizmente foi convocado para uma missão. Pois é, você caiu na lábia de um militar, seja ele do céu, da terra ou do ar. Mergulhadores e outras pessoas que trabalham embarcadas também utilizam muito este tipo de toco. Afinal, o cara vai passar no mínimo três meses longe de você, defendendo o país. O ufanismo no tom de voz dele a deixa emocionada, pois nunca conheceu um cara que pudesse ser tão fofo. Raiva? Você é incapaz de sentir isso.

O que você não sabe é que, enquanto pensa que ele está na Amazônia pisando em jacarés e carregando no colo bebês indígenas, o seu eleito está em casa, com uma loira deitada ao lado em uma cama king size novinha em folha. Ela, de calcinha, apenas, fazendo cafuné depois de um sexo matinal.

Ou seja, o nacionalista apenas quis dar um tempo na relação, mas não teve coragem de assumir, como a maioria dos homens. Pode ficar esperta: em menos de quatro meses ele voltará com histórias mirabolantes sobre suas aventuras e com o escapulário protetor que você deu para

ele levar na viagem. E, de quebra, com alguns arranhões pelo corpo por causa do "trabalho pesado" que fez no período.

Dica básica: Jamais finque sua bandeira neste terreno arenoso que mais parece areia movediça.

Toco O Destino Nos Uniu e Nos Separou

Você e seu marido se conheceram da forma mais inusitada possível: no enterro de sua tia avó. Ele estava no velório ao lado e começou a puxar papo quando você saiu para dar uma volta no cemitério. Conversa vai, conversa vem, ali, naquele local improvável, foi selado o amor de vocês. "O destino nos uniu", foi a primeira frase que ele disse depois do primeiro beijo.

Dois anos se passaram, e o casamento já não é mais o mesmo. Ele solta pum e arrota na sua frente, o sexo é cada vez mais escasso e vocês estão mais para amigos do que para amantes. Ele começa a dormir fora de casa alguns dias da semana e de sexta a domingo fica sempre "ocupado com projetos pessoais".

Com a pulga atrás da orelha, você começa a achar estranhas todas essas atitudes. Quando pergunta o que está havendo, é claro que o malandro se faz de desentendido e desconversa: "Amor, você está ficando maluca, meu docinho". O tempo passa e percebe que a quantidade de roupas dele no guarda-roupa está diminuindo.

Mas ele continua negando. Intrigada, você confessa para sua vizinha, a dentista Silvana Roseliz, que não sabe mais o que fazer para salvar seu matrimônio. Sua amiga desde que se mudaram, ela diz que você deve aceitar o que a vida está querendo te mostrar:

— Talvez tenha chegado a hora de você perceber que precisa superar esta fase e aceitar o fim de tudo. — Depois, sai correndo e deixa você ainda mais desconfiada. No outro dia, joga um verde para ver se o marido fala alguma coisa.

Ele dispara, na maior cara de pau:

— Bom, o destino nos uniu, mas nos separou. — Sem reação, ele ainda continua. — A Silvana é a mulher da minha vida.

Este é o tipo de toco mais usado por homens covardes, que só conseguem terminar uma relação quando arrumam outra otária em que amarrar seu bode.

Dica: Quando as roupas de seu marido começarem a sumir, desconfie. Tem mulher na jogada, e é bom que você expulse o mané antes de ele preparar o bote certeiro e fazer você de boba.

Toco Eu Sou Gay

O primeiro esbarrão aconteceu numa badalada semana de moda. Ele, fotógrafo de uma revista feminina; você, jornalista de um site de celebridades. Seus bloquinhos de anotações voam pelo chão, ele pega um por um, e a convida para tomar alguma coisa depois do trabalho. Animada, você espera ansiosamente o fim de mais um dia de desfiles com aquelas magrelas na passarela. Já sentados num café supermoderninho, você estranha quando ele pede um chá de jasmim, e mesmo sem gostar muito da pedida zen, decide acompanhá-lo.

O papo flui de tal forma que você percebe que nunca encontrou na sua vida um cara que entenda tanto de moda. Ele sabe de cor e salteado o perfil de cada estilista, descreve como ninguém as tendências da estação e diz que adora os vestidos drapeados com jabôs exibidos no último desfile. A troca de olhares esquenta e você percebe que ele

está de olho em seu sapato novo, que sua mãe comprou em Nova York. Ele, sem pestanejar, diz:

— Prada, né?

Acertou!

Completamente extasiada por ter encontrado um homem que tenha um lado yin aparente e cansada de ser tratada que nem uma cadela pelo cafajeste do seu ex-namorado, você acredita ter encontrado o cara certo. O namoro é regado com muitas idas a teatros, filmes cults, museus. O sexo ainda é uma incógnita, pois vocês só transam quando ele bebe além da conta, mas nunca rola aquela pegada selvagem.

Tudo bem, o lado intelectual e afetivo compensa. Sem contar que ele apareceu na sua vida, combinou as peças que você não usava do seu guarda-roupa e a transformou em uma verdadeira diva fashion. Máscaras de morango trufados com amora e argila fazem parte do ritual do fim de semana. Ele mesmo as prepara e ambos usam, sempre com uma tacinha de champanhe rosê para celebrar. As amigas falam que a sua pele está linda como nunca, mas secretamente você sabe que isso não tem nada a ver com a performance dele na cama. E começa a sentir falta do seu ex que, mesmo com todos os defeitos, fazia e acontecia entre os lençóis.

Começa a repensar a relação quando ele a chama para apresentá-la aos pais dele, que moram em Três Rios, cidade do interior do Rio de Janeiro. Imagina que daí possa surgir um pedido de casamento, e não saberia o que dizer caso fosse verdade. Lá, você é recebida com toda pompa como uma primeira-dama, e volta e meia ouve sussurros das tias mais idosas, que a olham espantadas. Intrigada, resolve ter uma conversa séria com seu namorado para saber o que está acontecendo. Mas ele saiu com amigos para beber numa churrascaria, bom sinal. Quando ele chega em casa, está bêbado e bem diferente do homem sensível de antes. Ele a pega de jeito e a leva pelas escadas no colo. Os beijos são mais calientes: finalmente ele resolve mostrar que tem o lado macho que você tanto queria ver! De repente, quando estão no auge da transa, ele começa a berrar: "Faz um fio terra, pelo amor de Deus!"

Sem saber o que fazer, você cai na gargalhada, de nervoso, e percebe que o seu príncipe era um pônei cor-de-rosa. Sai correndo dali e, depois de uma semana, recebe orquídeas roxas com uma carta contendo um pedido de desculpas. Nela, ele diz que tentava deixar de ser gay, para esquecer um ex, que se chamava Wanderley e era gogo boy num bar em Copacabana. E aproveitou a situação para fazer uma média com os pais, que haviam cortado a mesada por pensarem ter um filho gay.

Dica: Nunca saia com um homem que saiba a marca do sapato que você usa.

Toco Análise

Foi na fase em que você resolveu fazer análise e ver se conseguia pelo menos se livrar de tantos abandonos, tocos, foras, e sei lá mais o quê, sair do marasmo e da compulsão por repetição que era a sua vida. Estava sentada na sala de espera do analista, pensando no que queria dizer rapidamente, sim, porque o analista era lacaniano e a gente nunca sabe quando é que o tal tempo lógico vai acabar. De uma hora para outra, pimba, ele diz: "A sessão de hoje terminou", e geralmente você sai pela rua pensando no que poderia ter dito e não disse, e, para melhorar esse toco analítico, você anota tudo em um papelzinho e leva.

Estava então você, revisando seu papelzinho, quando vê a porta do consultório se abrir e um gato lindo sair da sala do Seu Analista (porque a gente sempre acha que o analista é só da gente), e sente um misto de raiva, inveja e encantamento ao ver o cara, que te olha e sente que estão na mesma sintonia. Há uma empatia e "desempatia" geral. Você entra no consultório, conta seus dramas da semana e fala do cara que foi atendido antes de você. O analista nada fala sobre ele, claro, sigilo profissional. Você jura que queria perguntar quem era, se vinha sempre naquele horário etc. Como não obteria resposta, passa a chegar mais cedo no consultório para ver se encontra de novo com o bonitão.

Não dá outra. Chega lá e ele está sentado, ainda esperando para ser atendido. Você o cumprimenta e depois de um silêncio que dá para ser interpretado, arrisca: "Parece que essa sessão está demorando mais que do costume." Ele responde dizendo que nunca tivera uma sessão grande assim e a partir dessa reclamação, desfiam suas incertezas, críticas contra o tempo lógico, planos para terminar a análise etc., até que são interrompidos pelo doutor, que o chama para entrar. Na saída, ele joga um bilhete com o telefone. Você fica na dúvida, mas dois dias depois, já livre de pudores, liga, marcam e saem. E começam a sair com bastante frequência.

Era um relacionamento cheio de interpretações, insights, discutiam a relação, era um lance "supercabeça".

Havia brigas até sobre o analista, uma certa rivalidade entre irmãos, um querendo ser mais querido do que o outro pelo paizão do consultório. Mas é claro que havia cama também porque ninguém é de ferro, nem a cama, porque odiavam cama de ferro, e você não sabe se Lacan incentiva, mas Freud bem que incentivava o sexo. Foram alguns meses muito bons em sua vida. Chegava na análise, falava dele, o seu analista interpretava e pronto. Saía dali e se encontrava com Fred. Gente, é quase Freud o nome dele — que insight absurdo!

Havia dois senões no caso. O primeiro — certas viagens nos finais de semana que ele tinha que fazer a trabalho. Você achava esquisito. O outro senão era o rótulo. Ele nunca quis dizer que estavam namorando. Era uma relação e pronto. Isso te incomodava. Era apresentada como uma amiga. Quando você falava de planos para o futuro, ele sempre mudava de assunto e dizia que a vida acontece a cada dia e pronto. Será que ele era ex AA?

E aí, um dia, ele marca de sair com você e entre um chope e outro diz que acha melhor darem um tempo, não o tempo lógico do analista, mas um tempo maior, para pensarem no que estavam fazendo, para se indagarem se não era uma sabotagem com a análise, afinal de contas eram irmãos — tinham o mesmo pai doutor lacaniano — e isso podia ser uma forma de *acting out*, ou seja de agir fora da análise para não ter que revelar certas coisas no divã, ou na cadeira, como era no seu caso. Você fica chocada e desolada, tenta convencê-lo de que aquilo sim era atuação, mas não o convence. Desesperada, você liga algumas vezes e ele não atende. Por fim, muda seu horário de análise para não encontrar com ele. Isso, Freud e Lacan não explicam.

Toco TOC

Você conheceu um cara que trabalhava no consulado inglês. O namoro foi rápido. A grande coincidência da vida era ele ser seu vizinho, e vocês conversavam bastante pelos corredores até ficarem amigos. Ele relatava sua vida tintim por tintim. Dizia que acordava às 6h18 com o despertador, punha água para ferver para o café às 6h21 e ia para o banheiro, onde ficava exatamente três minutos. Aí, ele fazia o café, tomava em cinco minutos, voltava para o banheiro, tomava banho, se aprontava e ia para o trabalho, saindo de casa às 6h51. Tudo dele era cronometrado.

Certa vez vocês viajaram juntos para a casa de praia de um amigo dele e, ao passar pela janela do banheiro, que dava para o quintal da casa, você ouve alguém falando lá dentro, e com seu ouvido de jornalista, curioso e mais voyeur do que nunca, para e escuta, imaginando que seria uma cena de sexo no banheiro.

Mas que nada, era o seu namorado, e acredite, falando com o cocô que tinha feito. Falava "fica aí" e depois dava tchau para o "parceiro". Parecia uma criancinha que tinha aprendido com a mamãe a fazer cocô na privada e a dar tchauzinho para o fedorendo descartado. Aquilo a choca bastante e você passa a ver o seu eleito com outros olhos. E outro nariz.

Mesmo com o episódio, você decide dar uma chance ao destino e se casa com o malucão. Tudo parecia correr superbem. Chegam as esperadas férias e você vai para o Rio por um mês. Revê amigos, curte uma prainha, muito chope e badalação.

Volta para São Paulo, e lá a realidade mostra sua face mais dura: ele diz que não tinha nascido para o casamento, que você exigia dele coisas que ele não podia dar, enfim, um desastre. O mais interessante foi ele dizer a seguinte frase antes de fechar a porta na sua cara: "Ficamos casados

por três meses, quatro dias, duas horas e dezoito minutos."
Foi britânico até no casamento.

Toco Aleluia

A música não para. A pirralhada toda enlouquecida. Você ali, fazendo uma matéria sobre raves e drogas sintéticas. Sem conseguir entrar no clima daquela doideira, senta em um canto com seu bloquinho e começa a rever as entrevistas feitas. Ele chega, um tanto doidão e pede para se sentar a seu lado. Você consente com a cabeça e continua vendo se a informação colhida já dá para dar um basta naquela viagem ao mundo dos extasiados.

— Você não dança, não? — diz o gatinho.

— Estou aqui a trabalho — você responde.

— Jura? Isso aqui é pra curtir, guria, tá ligado?

— Sei — você diz —, mas não é muito a minha praia.

Ele aproveita a deixa e te chama para ver o nascer do sol.

Nesse momento, você nota que ele é um cara bonito, de olhos azuis, não tão novo assim, talvez com uns 27, por aí. Ele pede carona e você, resolvendo ser uma boa samaritana, dá. E aí tudo começa.

Curtem raves e muito hip hop e você conhece um lado da vida que não conhecia antes. Jô, diminutivo de Josiel, era um cara que não parava nunca. Trabalhava como estagiário de advocacia em um escritório famoso e saía todas as noites, com você junto. Você usando corretivo, o pessoal do jornal perguntando se estava doente, mas você estava feliz. Louca, mas feliz.

Um dia, Jô te diz que está pensando em mudar de vida, em se espiritualizar, que conheceu uma igreja por intermédio de um amigo, foi a um culto e que gostou muito do que viu. Ficou encantado e diz que houve uma revelação de que ele teria que sair do caminho do pecado para aceitar o Senhor em seu coração. Você, até por curiosidade profissional, o acompanha a um culto. E a partir daquele dia passam a frequentar juntos a Igreja dos Novos Cristãos contra o Apocalipse do Amanhã.

Acontece que o sexo foi abalado. Você reclama e ele diz que é melhor irem se acostumando a ficar na seca até conseguirem ficar mais limpos, para se sentirem puros para o casamento. Você aceita, contra a vontade — fazer o quê? Quando um não quer, dois não transam.

Certo dia, ele tem um ataque ao te ver lendo o horóscopo em uma revista para mulheres e, em seguida, depois de um sermão sobre a volta de Jeová, vocês saem da igreja e ele te convida para tomar uma limonada suíça. Sim, porque não havia mais goró algum em suas vidas. Mas, ao sabor da limonada, ele te diz que teve uma revelação e que você não era a mulher de sua vida. Que Deus envia a mulher para cada homem, de acordo com Sua vontade e que você não era a Eva dele. O limão ficou mais amargo misturado às lágrimas que você não segurou. Sai dali correndo, entra no primeiro boteco e pede um conhaque duplo.

Depois de muitos porres, arrependida, você resolve ir a um culto da igreja e vê seu cristãozinho de mãos dadas com uma "irmã em Cristo". Corre para o pastor e ele diz que você estava precisando ser exorcizada. Você pensa: "Deus que me perdoe, Jeová para o diabo que o carregue. Pé de pato, mangalô, 'treis vez'."

Toco Amnésia

Seu amigo de Sampa vem passar uns dias no Rio, ele é jornalista lá e conhece toda a galera do jornalismo televisivo daqui. Vocês saem e, na mesa do bar você conhece um

jornalista que fuma e bebe como todos, e que tem um papo interessante. Já casou algumas vezes e está de frila, conforme ele conta. O papo é bom, apesar da deformação profissional e, em um piscar de olhos, ele se torna sua pauta do dia. É Alfredo para lá e para cá, seu dedinho nervoso liga para as amigas e você diz que conheceu um cara bacana, que realmente é interessante.

Vocês saem algumas vezes e tudo rola bem, apesar de uma brochadinha dele, mas a bebida, você sabe, é fogo. Você não dá muita importância ao fato, mas ele parece ficar bem jururu com o lance e vai embora sem grandes despedidas.

Você liga para ele no dia seguinte e o celular está desligado. No segundo dia, ele aplica novamente o Toco Bina. Você então resolve investir na relação, afinal, é uma mulher moderna e preparada para esses revezes sexuais. Toma a decisão de ir encontrá-lo no bar onde sempre fica. Ao chegar, você o vê logo, com amigos em uma mesa de canto. Decidida, vai até lá falar com ele, que a olha como se não a conhecesse. Você lhe dá um beijo no rosto e ele diz pra galera: "Puxa, estou gostoso mesmo. Muito prazer, boneca, senta aqui com a gente. Como é seu nome?"

Com vontade de responder que seu nome é sua mãe, você não dá o braço a torcer, acende um cigarro e diz que o confundiu com um ex-namorado. Senta na mesa ao lado, liga para seu melhor amigo e pede baixinho para ele ir socorrê-la. Alívio quando chega o Gonça, que tem ombros largos o bastante para sempre amparar a sua cabeça desmiolada. Você tasca um beijo na boca do amigo, que fica meio espantado.

Dica: Sempre tenha melhores amigos para situações como essa.

Toco Lua de Mel

Sua melhor amiga vai casar e você, claro, será madrinha. Ela arranja um primo pançudo para ser seu par, uma vez que você está naquela fase de entressafra. Tudo bem, você vai de laranja, é a cor escolhida pela organizadora do evento para você.

Chega o dia e a entrada de Manu é triunfal. Que beleza, você não consegue impedir umas lágrimas de descerem, e se preocupa com a maquiagem, mas ela é à prova d'água. É a enésima vez que você ouve a Marcha Nupcial e essas lágrimas podem ser de alegria ou até de uma pontinha de inveja, porque você já está achando que não entrará como figura principal pela nave, somente como coadjuvante.

Na festa, você toma um porre e dança feito louca. A echarpe é a primeira peça que você tira, já numa de fazer um stripzinho particular. Se não é a mãe de Manu que chega delicadamente e a pega pelo braço e a retira do salão, a coisa poderia ficar pesada.

No dia seguinte, ainda com a cabeça pesando no pescoço como um halter, seu celular toca. Você olha e são onze horas. Manu ligando? A amiga vai lhe contar como foi a noite no Copacabana Palace. Você atende e Manu chora do outro lado. Você pergunta o que houve e ela responde que simplesmente o Olavinho sumiu. Sumiu? Como?! Ela diz que ele deixou um bilhete dizendo que não queria deixar a noiva no altar nem estragar a festa e tudo o mais, mas que o casamento, para ele, era um passo muito grande, e que há dois meses ele já tinha feito todos os planos: se inscrevera como voluntário da Cruz Vermelha e estava partindo naquele momento para a Tunísia.

A essa hora já estaria voando. Você chora com Manu e tenta consolá-la dizendo coisas como "foi melhor assim, no começo, sem filhos" etc. Mas a raiva do calhorda é tão grande que você tem ímpeto de colocar uma bomba no voo do covarde mentiroso. Você recupera a calma e depois de um longo papo, Manu a convida para ficar com ela no Copa, afinal, a semana estava paga, mesmo. E brindando com champanhe, as duas dão um mergulho para esconder as lágrimas. Nada melhor do que ficar triste em um lugar charmoso e chique. A lua de mel se perdeu, mas é melhor ficar com a amiga preferida do que com um idiota covarde.

Toco Plantão

Você conseguiu o que quase todas desejam: namorar um médico. A família não cabe em si de contentamento. Ele é um cara bacana, bonitinho, não é a cereja do bolo, mas dá pra comer um pedaço sem se lambuzar. Começo de vida de médico é plantão atrás de plantão e você aguenta tudo, por mais vontade que tenha de ver seu troféu.

As amigas estão sempre de butuca e começam a envenenar você, dizendo que plantão demais é outra, na certa. Você então resolve dar uma incerta, finge torcer o pé e vai até o hospital em que ele faria plantão naquele dia. O cara

está lá, dormindo, e acorda assustadíssimo com sua presença. Confortada e com o pé enfaixado, você volta para casa. Elas estão com inveja, isso, sim. Os plantões continuam, e você começa a engordar de tanto brigadeiro à noite.

Numa noite de verão, você louca pra sair, linda, sua amiga liga e a convida para ir a uma festa. Você pensa em ligar para seu médico para avisar, mas desiste pensando que você tem vida própria e que pode ir a uma festa sem causar estragos no relacionamento.

Você veste aquele pretinho lindo comprado para ser o coringa do armário. Perfume, brincos, sapato de salto altíssimo. Você se equilibra e sai para a festa. A galera é superanimada e tem até uma troca de olhares entre você e um bonitão que está encostado em uma janela.

Pela porta da festa, que já estava escancarada, entra um grupo prá lá de Marrakesh. E quem é que puxa o cordão do Bola Preta, vestido de branco? Seu médico, sem estetoscópio, com uma loira piriguete, ou loirete, no colo, com um apito na boca e uma cartola na cabeça. Você quase cai dos saltos e corre assustada para o banheiro. Depois de meia hora vomitando na privada, pensando no que vai fazer e com uma fila colossal batendo à porta, você sai, resolvida a dar um fora no medicozinho de meia-tigela.

A essa altura ele já tá com duas loiretes. Você resolve ir embora, mas leva um tombo e logo chamam o doutor para te atender. Dessa vez, você torceu mesmo o pé. Ao te ver, ele fica branco como o jaleco e finge não estar abalado. Quer te pegar no colo e diz que tinha trocado o plantão, mas que ama você. Como resposta, você dá um chute com o pé bom e sai mancando da festa.

Dica: Quando você for namorar um médico, leia a bula para ver se ele presta ou não.

Toco Ao Vivo

Você completou cinco anos de casada. Seu marido é um exemplo, todos da sua família o amam e seus pais o chamam de filho. Realmente, você não tem motivos para reclamar. Ele sempre comparece, apesar de não gostar de muitas estripulias entre quatro paredes, e nunca esqueceu um aniversário de casamento. Nas horas vagas, ele gosta de te levar a lugares chiques, como Nova York e Paris. Sempre compra o que você quer nas viagens, a leva a restaurantes românticos e você pensa em como Deus foi bom para você. Ainda mais se for comparar com a vida totalmente clean das suas amigas,

ao vivo

que têm maridos estúpidos e que são incapazes de comprar uma blusinha de uma loja superbarata para dar de presente.

Porém, num dia, a sua vidinha cor-de-rosa muda de uma hora para outra e tudo fica um cinza dégradé, quase black total. São onze horas da noite e seu marido disse que ia chegar tarde, pois estava numa reunião de trabalho. Claro que você nem duvida, pois não vai arrumar confusão com quem banca seus surtos consumistas. Já está quase na hora do noticiário que fecha a noite, você pega seu copo de leite costumeiro e decide ver um pouco das notícias. Você está quase pegando no sono quando, de repente, um repórter entra ao vivo numa casa de massagens. Houve tumulto e a polícia está no local para fechá-la, pois aconteceu uma pancadaria daquelas: muitos marmanjos foram lá atrás de travestis.

Você acha a notícia engraçada, até que o repórter entrevista um dos empresários que deixa o ambiente nada aprazível: "Estamos aqui ao vivo, eu repito, ao vivo, com um dos frequentadores da casa, um dos empresários, que deixa o local com uma das travestis. Boa noite, senhor, você vem aqui sempre? Agora, onde vai se satisfazer sexualmente com a casa fechando? Vai buscar os travestis na rua mesmo?" Todo amarrotado e de cabeça baixa, o sujeito não fala nada e tenta se esquivar do travecão, que sai como se fosse a esposa dele. O copo de leite cai de sua mão e molha o tapete. É ele. Seu marido!

Dica: Se o seu marido só curte fazer papai e mamãe, desconfie e vá logo atrás de um homem de verdade. Esse aí com certeza se amarra numa tromba camuflada.

Toco Ano-Novo

Repare só: no fim do ano, tudo fica mais rápido. As pessoas só pensam em comprar, o trânsito fica caótico e você não sabe se vai usar uma calcinha vermelha, para acender a paixão, ou amarela, para dar um upgrade na sua conta bancária. Até porque o carinha com quem você tem saído não disse nada sobre a virada do ano.

Este é um dos piores tocos que uma pessoa pode levar, avisamos antes. Logo, se o cara está dando um Toco Bina conjugado com um Toco A Gente se Fala, é melhor abrir o olho e não deixar que ferrem com o seu réveillon. Se no Natal o mané diz que está ajudando a mãe a assar o peru, desconfie. Ele quer é preparar o terreno para o golpe fatal: passar a virada do ano solto no palito, beeeeem longe de você.

Se uma semana antes você recusou o convite das amigas de ir para um resort maravilhoso no Nordeste, pode ir se preparando para passar o Ano-novo na casa da sua tia-avó num conjugado em Copacabana assistindo ao Show da Virada na TV. Ou, então, dê uma de louca, vá para a praia de Copacabana sozinha, com duas taças de espumante, e arrume logo um amor novinho em folha.

Toco Botox

É uma variação caricata do Toco A Outra, que assim como esse é uma flechada na sua autoestima. Pode acontecer de diversas formas. Numa delas, você está num modelo de relação tribalista há alguns anos com o cara.

Você sabe que não é a única, mas como o relacionamento é do tipo colônia de férias — e os dois se divertem horrores quando estão juntos —, acaba funcionando. Embora ele não conte (nem você queira saber) os detalhes, imagina que as outras mulheres da vida dele sejam parecidas com você — ou até melhores. Jovens descoladas, altas, magras e de cabelos esvoaçantes povoam a sua imaginação quando ele menciona as "amigas" dele.

Por isso sua surpresa — e raiva — ao descobrir que uma de suas rivais é uma perua de 50 anos, toda plastificada, de sorriso esticado e cheia de botox na testa. As roupas e bolsas de grife, os acessórios dourados e o cabelo tingido e alisado complementam o visual.

Ao serem apresentadas, você menciona que têm um amigo em comum. A coroa replica ironicamente: "Noooossaaa, você não é muito novinha para ser amiga do fulaninho?" Não há dúvidas: você tomou um autêntico Toco Botox e só um Toco O Outro poderá te salvar.

Toco Doença Fatal

Parece mentira, mas acontece. Homem conhece mulher e começam a sair. O cara é bom, não é daqueles cafajestes. Ele se envolve, quer namorar, resolve se declarar. Prepara o cenário, convida para jantar num restaurante caro, à luz de velas. Concorda até em pedir um espumante, que para ele não é lá uma bebida muito masculina. Chegou a hora!

Sentindo borboletas na barriga... não, borboletas são muito femininas... com um nó na garganta, ele finalmente se declara, já imaginando quão linda sua princesa ficará

no altar e que sorte ele teve de encontrar uma mulher perfeita para ser a mãe de seus filhos.

Para sua surpresa, ela começa a chorar e diz que não pode assumir um compromisso com ele. Está com uma doença fatal e não tem mais do que dois anos de vida. O cara engole o choro, tenta saber mais detalhes sobre a enfermidade de sua amada. Ela é vaga, diz que já foi em vários médicos, é algo muito raro, não tem cura. Fala que é melhor não se verem mais. Não quer fazê-lo sofrer e está muito confusa tentando lidar com a má notícia. O homem vai embora, triste, mas aceitando a decisão da amada.

Passam-se os anos... um, dois, três, quatro... cinco anos depois, passeando no calçadão, ele vê de longe a sua ex-futura mulher. Ela está mais bonita do que nunca, com aparência saudável, corada, "não parece nada doente", ele pensa, ainda sem sacar a extensão do toco que levou. Imagina que talvez os avanços da medicina tenham conseguido curá-la.

Hipnotizado, ele continua a olhar de longe, e quando decide ir ao encontro dela percebe que ela não está só. A poucos metros, uma menininha linda está aprendendo a andar de bicicleta sob o olhar atento da mãe. Só então a ficha do Toco Doença Fatal cai e o homem entende que o problema não era médico, era ele.

Toco Grinalda

Renata saiu com Peter há 10 anos. Ele é um típico exemplar da espécie cafajeste. Bonito, inteligente, com sobrenome importante. Ela era uma garota quando se conheceram. Nada tímida, mas insegura. O tempo passou. Os dois se reencontram. A química continua a mesma, a conversa é ótima, a gargalhada dele é a mais envolvente do planeta Terra. Ela olha nos olhos dele e tem certeza de que, aos 20 anos, jamais estaria à altura dele. Mas agora... Sim, Peter me ama também. Mas a relação continua aquele chove não molha de sempre. Eles saem, conversam, bebem, transam em todos os lugares imagináveis, e na cama também. No dia seguinte ele some, no outro, dá o Toco Bina e emenda com o Toco A Outra, seguido de uma viagem romântica com a mulher vudu. Ela sofre, chora, jura que não vai mais acreditar em seu coração. Nunca mais. Ele parece que sente e, nesse momento, reaparece. Encontram-se de novo, Renata esquece tudo, vê o brilho dos olhos dela refletido no olhar dele e volta acreditar. "Sim, fomos feitos um para o outro. Eu nunca disse isso para Peter, e é isso que eu tenho que fazer."

Angustiada, mas com o problema solucionado dentro de si, liga para ele. Diz que precisam conversar. "Tem que ser agora." "Sim, é importante." Peter vai na mesma hora. Deve ter imaginado uma gravidez, no mínimo. Ela começa a falar. Desconfortável, ele reage com o Toco Amigo.

Renata percebe que se enganou mais uma vez e começa a chorar. Não consegue parar, não fala nenhuma das frases lindas que estavam na sua cabeça. Ele emenda com o Toco O Problema Sou Eu e evolui sem piedade para o Toco Grinalda:

"Meu amor, você é uma mulher fantástica. Gata, gente boa, com uma cabeça aberta. O cara que casar contigo é um homem de sorte. Tenho inveja dele", diz, encerrando a conversa.

Toco Empacotadora

Esse é um dos mais dolorosos tocos que existem sob a face da Terra. Ela é linda e sabe que é. Quando sai à noite, repara que todos os homens mais interessantes a desejam. Só fica sozinha se quiser. Investe na academia de ginástica, em roupas caras e lingeries sexies, faz hidratação no cabelo e unha toda semana. Tem um trabalho legal, se sustenta, não está atrás de homem rico porque não precisa. Quer um grande amor.

É inteligente, lê muitos livros, discute de Nietzsche a Schopenhauer, passando por Kant e Freud na maior desenvoltura. Mas não é besta, também gosta de bar, fala palavrão, jogar conversa fora. É engraçada e tem um milhão de amigos.

Um dia ela acha que encontrou o tal do grande amor. Obviamente ele não é o tipo de cara que a mãe dela gostaria de ter como genro. Ele é alto, bonito, rico, inteligente e charmoso. Mas cafajeste, daqueles irrecuperáveis, que gosta de mulheres, assim mesmo, no sentido genérico e no plural. Ainda assim, desde a primeira vez que ela o viu, sentiu que aquele era O cara. Sabia que não se muda esse tipo de homem e que, se mudasse, ele perderia pelo menos três quartos do seu charme.

Mas não importa, a gente gosta porque gosta, não tem muita explicação e, no fundo, ela acreditava que podia dar certo. Os dois combinavam, pareciam feitos um para o outro. A mesma alegria contagiante, alma de *bons vivants*, biotipos parecidos, poderiam até ser irmãos. Mas a química absurda, que todos percebiam a metros de distância, deixava claro que não eram.

Era um relacionamento casual, os dois também tinham em comum certa fobia de compromisso. De repente ele começa a sumir nos finais de semana. Um pressentimento forte surge na cabeça dela: ele está com outra. Ela liga. Toma um Toco Bina. Dá uma de psicopata, liga duas, três, quinze vezes e nada de ele atender. A melhor amiga fica com pena de deixá-la chorando em casa deprimida e a obriga a sair. Ela coloca um vestidinho curto, com as pernas de fora e sobe no salto.

Lá pelas três da manhã, depois de três ou quatro ou cinco drinks, soltinha na pista, dança Madonna com os bracinhos para o alto, já trocando olhares com aquele a quem classificou como o cara mais interessante do recinto. De repente, Ele entra no mesmo bar. Numa fração de segundos ela percebe que está acompanhado. Mas para a sua surpresa, a outra não tem nada de Gisele Bundchen, como poderia se imaginar. É uma anã, de 1,40 metro, de calça justa e decotão no peito, no maior estilo "piriguete gostosa", como uma empacotadora de compras de supermercado popular com anúncio na TV de pá, peito e acém.

Ela respira fundo e faz questão de cumprimentá-lo. Ele fica surpreso, mas também não se faz de rogado, e vai dançar do lado dela com a empacotadora. Roçam as costas um no outro. Ela tem o ímpeto de jogar o copo de chope na cara dele, mas se contém. Seria uma reação muito clichê. Nesse momento, o tal mais gatinho passou ao seu lado. A amiga, que nesse dia ganhou o troféu de melhor amiga de todos os tempos, diz para ele:

— Você pode fingir que está dando mole para ela porque o carinha de quem ela gosta está aqui com outra?

— Eu não sei fingir — responde o mais gato da noite, tascando um beijo cinematográfico nela, que ainda deu dois passos para trás e uma cotovelada de leve Nele, que então deixou o recinto na hora, levando a empacotadora junto com suas sacolinhas.

A história não acaba aqui, ela depois descobriu que a empacotadora não era uma garota de programa de Copacabana, mas a namorada dele. Até hoje não entende porque foi trocada por uma anã, mas já se vingou com um Toco O Outro. E se nunca começaram o namoro, também não se pode dizer que eles terminaram...

Toco Celebridade

Se para qualquer ser humano levar um fora é uma das experiências mais desagradáveis que existem, a situação pode ficar ainda pior se você for casado ou namorado de uma celebridade. Os anônimos podem mentir na cara de pau, mas para alguém famoso, o risco é sempre muito maior. O senso comum diz que os artistas são mais liberais, mas na nossa opinião, eles precisam apenas ser mais profissionais na hora de dar o toco.

Não podem, por exemplo, dizer que vão dormir e depois dar pinta na festa mais badalada da noite, onde a presença dos papparazzi é certa e infalível. O auge do Toco Celebridade é quando seu amor aparece em uma capa de revista no maior amasso com outra. Nesse caso, por mais apaixonada que seja, não lhe resta alternativa a não ser dar o Toco Máximo.

Uma traição até pode ser perdoada, se ninguém mais souber. Mas ser traída em público não dá. Ou melhor, é quase imperdoável. Pode ter certeza de que ele vai dizer que foi só um escorregão, que não significou nada e que quem ama perdoa. Pior é que às vezes perdoa mesmo, mas nesse caso, arrume logo um Toco Bumerangue, porque nenhum homem gosta de mulheres boazinhas demais.

Toco Não Te Conheço Mais

É indicado para terminar longos relacionamentos. A verdade é que o outro é sempre um grande mistério. Quando estamos apaixonados, queremos nos fundir com o objeto da nossa paixão como se fôssemos um só ser. Misturamos os gestos e as atitudes dele com nossas expectativas. A partir daí, criamos a ilusão de que conhecemos completamente a outra pessoa.

A convivência acentua esta sensação. Com o tempo, é comum que se possa prever a reação do seu parceiro diante de determinada situação, e até que se "tire as palavras da boca dele", sinalizando que vocês dois pensavam exatamente a mesma coisa. Mas o amor é fugaz e não pode ser encastelado num longo namoro, noivado ou casamento. Numa hora ele pode estar ali, na outra, não estar mais.

Nessa hora, surge a sensação de que o outro não é mais a mesma pessoa. Na verdade, ele rompeu o contrato não escrito e não quer mais viver para suprir sua expectativa. É nesta hora que surge o Toco Não Te Conheço Mais.

Michel e Renata ficaram casados por oito anos. Ele era 16 anos mais velho. Ela era extrovertida, cheia de amigos, festeira. Trabalhava como repórter de um grande jornal, passava o dia para lá e para cá. Ele, também jornalista, gostava de ficar em casa, vendo televisão e escrevendo no computador. Tiveram uma filha. Ela entrou na crise dos 30, cismou que não queria ver a vida passar pela janela. Que um relacionamento devia ser muito mais do que ver DVD na sexta-feira à noite e fazer sexo uma vez por mês, sem nenhuma vontade.

Começou a sair com o pessoal do trabalho para tomar um chope depois do expediente, voltou a procurar as velhas amigas, deu para reparar em quantos homens interessantes havia na rua, nos restaurantes, nas livrarias. Depois de um tempo, a vida que ela tinha não cabia mais naquela que levava com o marido. Ficou ansiosa, precisava ampliar seus horizontes e não sabia como. Ainda não havia se dado conta de que queria se separar.

Um dia, ele se cansou de esperá-la voltar do happy hour com os amigos, das suas reclamações de que precisavam reservar um tempo para sair, namorar, enfim, serem um casal. Chamou-a para uma conversa e, seriamente, olhou nos seus olhos e disse: "Eu não te conheço mais. Esta não é a Renata que conheci e que eu amo." Ela respondeu que continuava a mesma, mas que tinha outras questões que precisava responder para si mesma. Eles se separaram.

Dica: Nunca pense que conhece inteiramente o outro. Mesmo quando a sintonia é total, não significa que ela continuará para sempre. Tenha sensibilidade e criatividade para reagir rapidamente quando o parceiro demonstrar insatisfação, crie situações novas e imprevisíveis.

Toco Bipolar

É um dos tocos mais sedutores. "Eu te amo, mas não posso ficar com você agora", diz ele. Numa hora está apaixonado, corre atrás, liga, faz declarações, tem crises de ciúmes. Em outras, indiferença total. Começa dando o Toco Bina. Se você quiser saber o que está havendo, ele manda o Toco Planta ou o Toco Coração Fechado. Toconfuso também é sempre uma possibilidade nessas horas.

Não restam dúvidas: ele te ama, mas não quer ficar com você. Não adianta tentar entender. Promover um encontro com as amigas para tentar dissecar as obscuras razões que o impedem de assumir um compromisso também não surtirá efeito.

Provavelmente ele até gosta de você e quer manter a relação assim, casual. Mas ainda não tem certeza se quer

avançar para um relacionamento mais sério. Se você ainda não está naquela fase de ter certeza de que ele é o homem da sua vida, vá levando. Coloque o gato um pouco na geladeira. Deixe ele te procurar e, quando vier, use os tocos mais inofensivos, como o Bina e o Monossilábico.

Mas, se estiver completamente apaixonada, o melhor que tem a fazer é tirar o time de campo e dar a ele o telefone de um analista. Não se iluda achando que será você a mulher que irá curá-lo.

A variante feminina desse tipo de toco deve ser desconsiderada por ser absolutamente normal. Afinal, todas as mulheres são bipolares. Um dia estão muito felizes, no outro deprimidérrimas. Uma hora têm certeza de que encontraram o cara certo, na outra acham que não sabem. As variações hormonais que também provocam o Toco TPM são as responsáveis por esse comportamento. É cientificamente comprovado.

Toco Gringo

O Brasil é um dos destinos turísticos mais procurados do mundo. Então, a probabilidade de se envolver com um gringo é grande. Se você ainda não se envolveu com um, provavelmente o encontrará na sua frente em algum momento.

A cena é a seguinte: você está num bar badalado, quando vê um cara superalto, branco que nem areia e lindo te olhando, com uma cara de... gringo. Você acha fofo, ele se aproxima e vocês começam a conversar em inglês. Você fala com seu inglês de cursinho, mas ele acha um charme e o clima é dos mais agradáveis.

Ele, alemão nato, administrador de empresas e superatencioso. Claro que se levasse um espécime desses na casa da sua mãe, ela mandaria casar na mesma hora. Vocês trocam telefone e, ao ir embora, ele diz que tem uma queda por você.

Mesmo sem ter entendido direito o que ele disse, começa a acreditar piamente que encontrou um príncipe encantado. Não dá a mínima para culturas diferentes, para não falar inglês direito. Nada disso importa e os telefonemas vão se tornando cada vez mais constantes. Ele vem para cá, vocês ficam três meses no auge da paixão. O sexo é maravilhoso, o papo flui... ai, ai. Você está apaixonada e acha até bom ter dupla nacionalidade.

Quando chega a hora do seu quase marido ir embora, você bem que tenta fazer a linha forte, mas chora no aeroporto, afinal, vão se encontrar apenas em seis meses. Mega-apaixonada, conta os segundos para vê-lo novamente. Decide comprar a passagem, mesmo ele avisando que está terminando a tese de doutorado e que não poderá lhe dar a devida atenção. Nem o medo de avião, a Alemanha em pleno inverno e o fato de na alfândega acharem que você é mais uma prostituta brasileira são empecilhos para que você vá ao encontro de seu grande amor.

Assim que ele abre a porta do apartamento, vocês transam loucamente. Mas, depois do sexo, ele já vai logo dizendo que a cama esfriou. Em seguida, ele dá início a um martírio sem fim e diz, na maior cara de pau, que você é uma pessoa diferente do que ele esperava e que será impossível continuar a relação, pois um oceano os separa e seu inglês é uma porcaria. Só agora ele percebeu tudo isso? Sem ter como mudar a passagem por causa do estado de calamidade anunciado por causa de uma gripe suína, você tem que aturar o idiota. Para não dizer outra coisa.

Os seus dias são regados a muitos passeios solitários até que, um dia, ele a convida para jantar e, adivinha quem paga a conta? Não bastasse isso, o galinha ainda azara uma perua loira na sua frente. Nem precisa dizer que a mulher é muito mais bonita que você, tem aquele cabelo comprido que mais parece ter saído de um comercial de xampu e seus olhos parecem duas bilhas azuis. "Eles se merecem", você pensa, com vontade de chorar e de correr para o colo da mamãe. Para piorar ainda mais a situação, você pega uma pneumonia braba daquelas e o cara nem se aproxima, para não pegar a doença.

Recuperada, é claro que o que tem de ser feito é pegar o primeiro avião e voltar para casa: é melhor pegar gripe suína, asiática e de qualquer lugar do mundo a ficar com um chucrute estragado.

Toco Balança

Aprenda de uma vez por todas: não pergunte para o cara que está saindo, tendo um rolo ou namorando se você engordou. A não ser que esteja preparada para ouvir uma resposta positiva, ou seja, nunca. Até porque, se seu peso aumentou alguns pontos na balança, sua calça jeans sabe. Ele provavelmente nem reparou, a não ser que tenham sido muitos quilos ou que ele seja um gay enrustido.

Pode acontecer também que, sabendo da sua preocupação com a boa forma, ele fale que você engordou só para

ferir seu ego. Ele pode fazer isso por ciúmes, safadeza ou crueldade mesmo.

Mas se namoram há algum tempo e você realmente tiver engordado consideravelmente neste período... sabe como é esse negócio de intimidade... Pode chegar o dia em que ele fará um comentário em tom banal: "Meu amor, você deu uma engordada." Quase sempre sem ter a menor noção do quão avassaladora esta constatação é para uma mulher que vive em luta com a balança.

Se ele for do tipo sensível, quase uma raridade, pode mascarar sua percepção com um "você está 'fofinha'", "gostosa" ou "forte". Não se iluda, ele está te chamando de gorda, mesmo.

Dica: Faça sempre o teste do guarda-roupa. Toda mulher tem uma calça jeans que veste perfeitamente quando está em boa forma. Os homens podem mentir, mas seu jeans-meta não mente jamais.

conclusão

Desde que nascemos, aprendemos a levar na cabeça, e temos que suportar com dignidade todos os momentos de dificuldades. E sabemos: levar um toco daquele gatinho que você tinha certeza que era o homem da sua vida é doloroso. O que não quer dizer que tenhamos de nos acostumar e achar que somos menores do que realmente somos porque alguém simplesmente não gosta da gente, ou não está preparado para um relacionamento mais sério.

A máxima que deve ser levada adiante, sempre, é a de que nós somos os responsáveis por nossas escolhas e por sair pelas ruas e esquinas em busca da nossa felicidade. Quando levamos um toco, mesmo dos mais sinistros, temos o total direito de ficar triste, alugar as amigas até dissecar o fora por completo. Mas por pouco tempo. Tire logo do seu armário aquele vestido incrivelmente sexy, suba no salto e convoque as parceiras mais engraçadas que conhecer. No mínimo, você dará boas risadas sobre o tal toco que a deixou tão fora e órbita. Perceberá que não é a única.

Ainda não encontramos um ser humano que nunca tenha sido rejeitado por alguém.

Você pode até ter levado um fora, mas ganhou experiência. Aos pouquinhos, irá se tornar uma doutoranda da arte do toco: aprenda a rir de si mesma e do panaca que foi capaz de deixar uma moça tão tudo de bom sair de repente do destino dele. Sem contar que, quando levamos a vida com bom humor, tudo fica mais fácil. Inclusive a chance de você conhecer outra pessoa muito mais interessante que aquela que queria antes.

Não deixe que o toco abale a sua confiança nem suas qualidades. Se ele não te ama como você gostaria, é óbvio que não a merece. Não vale a pena perder tempo porque é disso que a vida é feita. O mundo é composto por quase sete bilhões de pessoas. Todas elas únicas e insubstituíveis. O que você está esperando para fazer a fila andar?

Agora que você foi introduzida à arte do toco, já sabe como agir quando um cara te der um Toconfuso ou um Toco Bina. Até mesmo um Toco Máximo. Você está preparada para levar, e a melhor parte, dar muitos. Achou o beijo do cara roto-rooter? Toco Coração Fechado nele. Ele é chato, grudento e fica chamando a atenção trezentas vezes por dia no msn e aquela pipoca fica pulando no seu computador? Toco Redes Sociais, para ele arrumar o que fazer e se tocar de que você simplesmente não está na mesma sintonia dele.

E assim a sua vida vai rolando, a roda-gigante subindo e descendo, para que o universo conspire a seu favor e você finalmente encontre, ou reencontre, alguém que esteja na mesma sintonia que você. Sem tocos, neuras, lágrimas e com a sensação de dever cumprido com a sua alma.

Desejamos boa sorte e, não esqueçam, cabeça erguida sempre! Afinal, o toco é apenas um momento de desencontro. Com bom humor e autoestima, dá para transformar até mesmo o toco mais descomunal no ponto de partida para outros encontros muito mais interessantes. Um brinde ao toco! Tim-tim!

as autoras

Leticia Rio Branco

Jornalista e formada em teatro, Leticia é carioca da gema. Trabalhou em *O Globo*, na revista *Caras* e no Globo.com como repórter de cultura, entretenimento e comportamento. Hoje, ela comanda, ao lado da jornalista e amiga Angie Diniz, a empresa de assessoria de imprensa estratégica e de produção de conteúdo Cereja & Conteúdo. Tem 32 anos, adora ir à praia e ao cinema com o namorido e os amigos, além de viajar. Isso quando sobra um tempo. Gosta de malhar, fazer yoga e até se arrisca no surfe.

Fabi Cimieri

Jornalista, paulista por acaso, carioca por vocação, trabalhou por 10 anos no *Estadão* e na *Folha de S. Paulo* como repórter de cidades, política e saúde. Hoje, trabalha na FSB Comunicações e faz pós-graduação em gestão de negócios e marketing na ESPM. Nas horas vagas, faz yoga, vai à praia e se diverte com os amigos. É mãe da Catarina, de 5 anos, e atualmente está solteira. Já deu e levou muitos tocos, mas continua, à la Vinicius de Moraes, achando que "a vida é a arte do encontro".

Este livro foi composto na tipologia Electra LH,
em corpo 11/20,8, impresso em papel offset 90g/m^2
na Markgraph.